KB006535

당신을 지배하고 있는
무의식적 편견

당신을 지배하고 있는 무의식적 편견

기타무라 히데야 지음

정문주 옮김

시그마북스
Sigma Books

당신을 지배하고 있는 **무의식적 편견**

발행일 2022년 3월 15일 초판 1쇄 발행
지은이 기타무라 히데야
옮긴이 정문주
발행인 강학경
발행처 시그마북스
마케팅 정제용
에디터 최윤정, 최연정
디자인 김문배, 강경희

등록번호 제10-965호
주소 서울특별시 영등포구 양평로 22길 21 선유도코오롱디지털타워 A402호
전자우편 sigmabooks@spress.co.kr
홈페이지 http://www.sigmabooks.co.kr
전화 (02) 2062-5288~9
팩시밀리 (02) 323-4197
ISBN 979-11-6862-015-5 (03180)

ANATA NIMO ARU MUISHIKI NO HENKEN UNCONSCIOUS BIAS

Copyright ⓒ 2021 by hideya Kitamura

All rights reserved.

Original Japanese edition published in 2021 by KAWADE SHOBO SHINSHA Ltd, Publishers

Korean translation rights arranged with KAWADE SHOBO SHINSHA Ltd, Publishers

through Eric Yang Agency Co,, Seoul.

Korean translation rights ⓒ 2022 by SIGMA BOOKS

이 책의 한국어판 저작권은 EYA(Eric Yang Agency)를 통해 저작권자와 독점 계약한 **시그마북스**에 있습니다.

저작권법에 따라 한국 내에서 보호를 받는 저작물이므로 무단전재와 무단복제를 금합니다.

파본은 구매하신 서점에서 교환해드립니다.

* **시그마북스**는 (주)**시그마프레스**의 자매회사로 일반 단행본 전문 출판사입니다.

편견은 어리석은 사람의 이성이다.

– 볼테르

무의식적 편견을 알아차리고
치명적인 실수를 저지르지 않으려면

'자각 없는 부적절한 발언'의 무한 되풀이

2021년 2월 3일, 모리 요시로 도쿄 올림픽·패럴림픽 조직위원회 회장이 일본올림픽위원회 임시 평의원회에서 다음과 같이 발언했다는 보도가 나왔다.

'여성이 많으면 이사회 회의에 시간이 걸린다.'

'여성은 뛰어나긴 한데 경쟁의식이 강하다. 누구 한 사람이 손을 들고 나서면 자기도 지지 않으려 한다. 그래서 다들 발언을 하는 것이다.'

'말을 많이 하면 신문에 날 테니까. 어쨌든 여성의 숫자를 꼭 늘려야 한다면 발언 시간을 어느 정도 규제해야 한다. 그

렇지 않으면 회의가 끝나지 않아 곤란하다.'

해당 발언이 보도되자 국내외에서 비판이 쏟아졌다. 인터넷에는 모리 씨의 처우를 재검토하고 재발 방지책을 마련하라고 요구하는 서명 활동이 벌어졌다. 도쿄 올림픽·패럴림픽 조직위원회 운영의 투명성 확보를 요구하는 제안서까지 포함하면 15만 명 이상이 서명에 참여했다.

모리 씨는 하루 만에 사과와 함께 발언 철회를 표명했지만, 이후에도 여론의 비판이 끊이지 않자 조직위원회 회장직을 사임했다.

근래 들어 여론이 효과적으로 작용한 하나의 예이기는 하나, 이 같은 발언은 좀처럼 사라지지 않고 있는 것이 엄연한 현실이다.

모리 씨만 해도 사임 후 얼마 되지 않은 3월 26일에 비슷한 실수를 또다시 저질렀다. 정계의 파티 석상에서 '여성이라고 하기에는 너무 나이가 들었지만……'이라는 말로 한 여성을 소개한 것이다. 아무리 구면이라고 해도 공적인 자리에서 입에 담기에는 적절치 않은 표현이다.

이런 발언이 되풀이되는 이유는 무엇일까?

각종 회의체가 보여주는 여성 멸시, 나아가 강압적인 운영 방식, 이견을 틀어막는 체질 등 일본올림픽위원회 외에도 일본의 숱한 조직이 보여주는 문제점이 새삼 주목받고 있다.

무의식적 편견이 안고 있는 문제점이란?

바야흐로 성차별뿐 아니라 직장 내 괴롭힘, 갑질도 심심찮게 사회 문제로 등장하고 있다. 이러한 문제의 이면을 살펴보면 잘못된 사고방식이 고쳐지지 않고 편향, 즉 편견으로 자리 잡아 무의식중에 작용한다는 사실을 알 수 있다.

필자의 전공인 사회심리학 영역에서는 오랜 세월, 바로 이 편견에 관한 연구를 축적해 왔다.

그 결과, 자신이 자각하지 못하는 사이에 무의식적으로 발현되는 편견이 알려지기 시작했고, 이에 따라 무의식적 편견 Unconscious Bias 현상에 눈길이 쏠리고 있다.

편견이 무의식적이라는 말은 자신도 그것이 잘못된 것임을 알아차리지 못한 채 생활한다는 뜻이다.

자신이 잘못을 깨닫지 못하니 개선될 방법도 없다. 유일한 방법이라야 다른 사람들이 있는 자리에서 공언했다가 비판을 받고서야 비로소 알아차리는 길이다. 하지만 이렇게 실수 후에 알게 된다면 만시지탄일 뿐이다. 이미 그 단계에 이르면 사회적 직무에서 물러나야 할 테고, 그리되면 자신이 그리던 인생 설계나 장래 설계는 맥없이 무너져 버릴지도 모른다.

수많은 비즈니스 종사자들은 조직 내 지위가 위태로워진다는 점에서 이 책이 소개, 설명하는 내용을 강 건너 불구경으로 여겨서는 안 된다. 마지막 장에는 편견에서 벗어나는 방법에 관해서도 정리해 두었다. 이 책을 통해 다양한 사태를 사전에 막을 수 있을 것이다.

사실 더 중대한 문제는 자신의 잘못으로 인한 처벌이나 불이익이 아니다. 부적절한 발언에는 피해자가 발생하고, 해당 발언은 사회적으로 불의 ^{不義} 에 해당한다는 점이다.

그런데도 발언자들은 흔히 주위 사람들이 과잉 반응한다고 여긴다. 모리 씨도 발언 후에 그랬다. 초기에는 '사임할 만한 일이 아니다'라고 밝히기까지 했으니 말이다.

필자는 개인의 실패를 놓고 왈가왈부할 의도로 이 책을 쓴 것이 아니다. 머리말을 빌려 쉬운 예를 드는 것뿐이다. 그리고 이러한 사례를 통해 작금의 일본 사회에 남아 있는 문제 있는 편견과 앞으로 적극적으로 개선, 해결해야 하는 문제점들에 초점을 맞추려 한다. 그럼 이번에는 문제의 예, 유래, 해결법에 관해 설명해 보자.

사회심리학의 관점에서 '무의식적 편견'을 읽어내다

무의식적 편견은 워싱턴대학교 심리학부의 앤서니 G. 그린월드 교수와 하버드대학교 심리학부의 마자린 R. 바나지 교수가 20세기 말에 개발한 편견 테스트(IAT, 85페이지 참조)에서 도출한 개념이다.

사회심리학이 다루는 '암묵적 태도^{Implicit Attitude}'와 그것을 측정하는 '암묵적 측정'에 관한 연구가 늘어나자 바나지 교수를 비롯한 여러 전문가는 그 성과를 활용해 일반인을 위한 강연 등을 계발하는 활동을 펼쳤는데, 그 과정에서 얻어진 개념이 바로 '무의식적 편견'인 것이다.

그 후, 미국의 한 컨설팅 회사가 이를 도입해 회사 조직에 대한 컨설팅 작업을 하면서, 무의식적 편견 해소 세미나와 워크숍을 실시했다. 또 이러한 선진적인 작업을 목격한 일본의 한 컨설턴트가 세미나 방식을 수입해 와서 현재에 이르는 실정이다.

그런데 무의식적 편견이라는 개념이 원래 사회심리학이라는 학문에서 나왔다는 사실이나, 그린월드·바나지 교수가 개발자였다는 사실을 모르니 세미나 등에서도 그 유래를 언급하는 경우가 눈에 띄게 줄어드는 것 같다.

오늘날 무의식적 편견이라는 개념이 익숙해지기까지 사회심리학 영역에서는 오랫동안 편견과 차별에 관한 연구가 이루어졌다. 나아가 편견의 원인과 해소법에 관해서도 많은 연구가 이루어지고 있다. 필자는 이 책에서 그러한 내용도 평이하게 해설할 생각이다. 말하자면 신뢰할 수 있는 해설뿐 아니라 과학적 증거까지 제시하겠다는 뜻이다. 이 점이 단순한 실용서적과 다른 점이다.

난해한 실험 결과는 제외하되, 성과로 얻을 수 있는 점을 일상생활로 치환해 어떤 상황에 해당하는지 쉽게 제시하려 한다.

성 격차Gender Gap 120위 국가로서* 무의식적 편견을 알아차

---

* 성평등 수준을 보여주는 '성 격차 지수(GGI·Gender Gap Index)' 순위에서 세계 156개국 가운데 한국은 102위다(「Global Gender Gap Report 2021」).-옮긴이

리고 이에 대처하는 일은 일본 사회의 매우 중요한 과제라고 생각하고 다루었다. 또 장애인, 외국인, 연령, 질병, 외모, LGBTQ*에 이르기까지 젠더 문제 외에도 폭넓은 주제를 다루었다.

독자 여러분도 이 책을 읽으면서 함께 생각해 주셨으면 한다.

기타무라 히데야

---

* 성 소수자 중 레즈비언(Lesbian), 게이(Gay), 양성애자(Bisexual), 트랜스젠더(Transgender)에 아직 자신의 성 정체성, 성적 지향에 의문을 품은 사람(Questioner)을 더한 것을 말한다.-옮긴이

차례

제 2 장

무의식적 편견이 인간관계를 좀먹는다

제 3 장

'왜곡된 믿음'은 모두의 마음속에 자리 잡고 있다

제4장

편견을 낳는 마음의 메커니즘

제5장

일상의 모든 곳에 도사린 무의식적 편견

제6장

다수자의 '자각하지 않는 힘'을 경계해야 한다

제7장

무의식적 편견을 알아차리고 극복하기 위한 단계적 처방

제 1 장

무의식적 편견,
그 정체와
심각한 폐해

▶ '무의식적 편견'이란 무엇인가?

오른쪽 표에 열 가지 사고방식이 예시되어 있다. 이 중 자신의 생각과 일치하는 것에 체크 표시를 해보자.

표 안의 마지막 문장은 '머리말'에서도 언급한 모리 요시로 전 총리의 발언과 비슷한 맥락이다. 모리 씨는 '여성은 경쟁의식이 강하다'고 발언했지만, 일반적인 고정 관념(틀에 박힌 고정된 이미지)은 남성을 더 경쟁적으로 간주한다.

어쨌든 개인차가 크겠지만, 마지막 문장에 체크 표시한 사람은 아마도 TV 뉴스 등에서 정계 여성을 본 뒤에 그런 느낌을 받았을 수 있다. 일본에서는 확실히 남녀를 불문하고 여당 정

표 1 _ 편견 확인 목록

✓	가족과 떨어져 '홀로 부임'한 사람이라고 하면 한 가정의 아버지일 것 같다.
✓	남성은 기본적으로 집안일이 서툴다.
✓	여성은 세심하게 배려할 줄 알고 타인을 잘 보살핀다.
✓	늘 정시에 퇴근하는 직원을 보면 열의가 모자란 느낌이 든다.
✓	여성은 '배려를 잘하고', '드러나지 않게 주위 사람을 도와줄 줄 아는' 장점을 더 잘 살리는 것이 좋다.
✓	육아 휴가, 단시간 근무를 신청하는 남성 직원은 승진 욕구가 낮은 것 같다.
✓	나이 많은 사람은 PC 활용 능력이 떨어진다.
✓	술을 못 마시는 직원은 사람들과 어울리기 어려울 것 같다.
✓	장애인은 단순 업무밖에 할 수 없다.
✓	회의 등에서 자기주장이 강한 여성은 자기 과시욕이 강한 것 같다.

치인의 대다수가 튀어보려는 경향이 강하니까 말이다.

위 목록은 직장에서 흔히 볼 수 있는 '무의식적 편견^{Unconscious} ^{Bias}'의 사례다.

하나같이 부지불식간에 가지게 되는 잘못된 생각을 나타낸다. 'unconscious'는 '무심결, 무의식', 'bias'는 '편향, 편견'이라는 뜻이니 '무심결에 생겨난 잘못된 생각'인 것이다. 이 잘못된 생각은 사회에 피해를 준다. 편견 때문에 잘못을 저질렀다면 책임을 져야 한다.

그런데 사회 규칙과 습관(예를 들면, '해서는 안 되는 말' 등)의 변화를 따라가지 못해 잘못을 저지르는 사람들이 있다.

이 책은 편견이 어째서 잘못되었는지, 그리고 사람들은 왜 그런 편견을 가지게 되었는지, 편견이 어떤 상황, 어떤 사람에게 자주 나타나는지, 나아가 어떻게 하면 그것을 막을 수 있는지를 알기 쉽게 설명한다.

근래에는 기업 연수에서도 '무의식적 편견'을 줄이기 위한 과정이 늘었고, 무의식적 편견을 취급하는 컨설팅 회사도 많아졌다.

▶ 사람들 사이에 널리 침투한 '고정 관념'

편견이 무엇인지 생각하기 전에 '고정 관념'이라는 말부터 살펴보자.

우리는 직업마다 고정된 이미지를 떠올리기 쉽다. 그 전형적인 예는 '은행원은 성실하고 딱딱하다'라는 생각이다. 이처럼 틀에 박힌 고정된 이미지를 '고정 관념'이라 한다.

고정 관념은 직업뿐 아니라 젠더, 즉 '여성은 이러하다', '남성은 저러하다'라는 낡은 틀에 맞춘 '○○다움'으로도 존재한다.

이는 '잘못된 믿음'으로 현실의 직업 또는 남성, 여성이 반드시 이에 들어맞는다고 할 수는 없다. 그런 이미지에 들어맞는 사람도 개중에는 있겠지만, 그와 다른 사람도 많은 것이다. 앞서 나온 표에도 고정 관념으로 보이는 내용이 있다.

여기서 '여성은 당연히 아이를 낳아야 한다', '여성은 아이를 좋아한다' 등으로 여성을 규정하면 그것이 바로 '편견'이다.

▶ 사물을 왜곡된 형태로 인식하는 '편견'

그렇다면 편견이란 무엇일까?

편견이란 '왜곡된 생각', 즉 무언가에 대해 올바르지 않게 인식하는 것이다.

어떤 여성이 미대생 남자친구를 집에 데리고 왔다.

그런데 여성의 아버지는 두 사람의 교제를 달가워하지 않았다. 미대생은 '꿈을 좇는 사람'이기에 장래에 '제대로 된' 직업을 가지지 않을 것으로 생각한 것이다. 이거야말로 '편견'이다.

그 남자친구는 졸업 후에 디자인 사무소에 입사해 인테리어 디자이너로서 대규모 가구 관련 산업 현장에서 일할 수도 있다. 그리되면 직장인으로서 경제학부 출신과 큰 차이가 없는데다가 오히려 기술이 있으니 회사 형편이 나쁠 때는 이직이나 독립이 남보다 유리할 수도 있다.

미대생은 생활력 없이 꿈만 좇는 사람이라고 몰아붙이는 것이 문제다. 또 설사 그렇다 하더라도 차별하는 마음을 품는 것이 적절하다고는 할 수 없다.

어쨌든 여기서 문제는 '남자친구'가 대체 어떤 사람인가 하는 사실은 확인도 하지 않은 채, 아버지가 자신이 가진 이미지만 앞세웠다는 점이다.

이처럼 그 사람의 내면을 생각하지 않고 고정 관념을 적용해 단정 지으면, 종종 현실 속 눈앞에 있는 사람과의 '괴리'가 발생하게 된다.

그 괴리에 무관심하기 때문에 20~30대 여성에게 나이 든 사람이 "슬슬 결혼할 나이네? 사귀는 상대는 있어?" 같은 쓸데없는 말을 뱉게 되고 낭패를 보는 것이다. 이는 괴롭힘의 시작이다.

말한 본인이야 아무런 악의가 없을 때도 많을 것이다.

'괴롭힘이라니! 그러려고 한 말이 아니야.'

'정말 내 피붙이처럼 걱정되어서 그래.'

라고 생각할지도 모른다.

그런데 '무의식적 편견'이라는 관점에서 보면 그런 실수는 대부분 그야말로 '선량한 사람들'에게서 비롯된다. 이는 특별히 여성에 대해 적대감을 가지고 싫어하는 사람이 심술궂게 내뱉은 말이 아니다. 다시 말해 누구나 편견으로 인한 실수를 할 수 있다는 뜻이다.

고정 관념이라는 '카테고리'에 사람을 끼워 넣으려 하면 들어맞지 않는 사례가 나오는 것은 당연지사다. 그때는 반드시 '괴리'가 생기고 부정확해진다. 그것이 바로 '편견'이다.

▶ 사람의 뇌에는 '분류 능력'이 있다

그렇다면 우리는 어떻게 그 같은 '카테고리'를 사용할까?

카테고리는 사람에게만 쓰는 것이 아니다. 우리가 주위 세계를 어떻게 이해하는지 심리학에서 설명한 바를 살펴보자.

우리는 눈앞의 동물이 개인지 고양이인지를 한눈에 구별할 수 있다. 개나 고양이가 각기 수많은 종류로 세분되는데도 말이다. 이를테면 대형견과 소형견을 한데 놓고 봤을 때, 도무지 비슷한 데가 없더라도 우리는 그 둘이 '개'라는 사실을 알아볼 수 있다.

사람은 그러한 '분류 능력'이 뛰어나서 세 살 정도만 되어도 '멍멍이'라는 카테고리를 이용해 개를 인식할 수 있다. 우리에게는 이러한 분류, 카테고리화 능력이 있는 것이다. 동물이며 가구, 탈것, 문방구 같은 카테고리를 사용하는 능력은 이 세계를 정리하는 데 아주 유용하다.

그런데 바로 그 유용한 능력을 사람에게 적용할 때 문제가 생긴다.

왜일까?

▶ 일본식 대인 관계가 편견을 부채질한다

무의식적 편견이라는 개념을 세상에 처음 발표한 하버드대학교 심리학부의 마자린 R. 바나지 교수와 워싱턴대학교 심리학부의 앤서니 G. 그린월드 교수는 『마인드 버그』에서 바나지의 동료였던 칼라 씨의 일화를 소개했다. 원제인 'Blind spot'은 알아채기 어려운 점, 맹점을 뜻한다.

예일대학교 영문학부의 칼라 캐플런 교수는 취미가 퀼팅이다. 세밀한 작업도 능숙하게 해낼 만큼 손놀림이 좋았기에 작품 수준도 훌륭했다.

어느 날 주방에서 오른손 손바닥이 칼에 깊이 베는 사고가 일어났다. 물론 곧바로 병원으로 달려갔다. 남편은 문득 사고 후유증으로 손가락을 못 움직이게 되지는 않을까 걱정되어 응급의에게 "괜찮을까요? 퀼팅하는 사람인데요"라고 말했다.

의사는 무심하게 '이 정도면 괜찮다'며 치료를 이어갔다. 그때였다. 옆에서 일하던 학생 자원봉사자가 "캐플런 교수님! 여기는 어쩐 일이세요?"라고 말한 순간, 칼라 씨가 예일대 교수라는 사실이 드러났고 사태는 급물살을 탔다. 코네티컷주 굴지의 손가

락 접합 분야 외과의가 달려오더니 몇 시간에 걸쳐 까다로운 손 신경 연결 수술을 했다. 그리고 칼라 씨는 원래처럼 퀼팅을 즐길 수 있게 되었다.

만약 칼라 씨가 예일대 교수인 줄 모르는 채로 진료를 받았다면 어떻게 되었을까? 칼라 씨는 당시 경험이 일종의 '차별 대우'라고 훗날 말했다.

즉, '퀼팅하는 부인네'라는 카테고리는 '예일대 교수'라는 카테고리보다 '가볍게' 다루어진다는 것이다. 의사가 중요하게 여기지 않았다는 뜻이다. 그 사실을 응급의는 자각하지 못했을 수도 있다. 특별히 악의는 없었을 테니까 말이다.

하지만 대학 교수라는 사실을 알았을 때 실제 대응이 바뀌었다. 이처럼 상대의 직업이나 지위에 따라 대응을 바꾸는 것도 하나의 편견이다.

-『마인드 버그』 중에서, 요약

일본에는 나이가 한두 살 위라는 이유로 선배에게는 높임말을 쓰고 '아랫사람'에게는 명령을 내리는 문화가 있다. 사람들은 중학교 동아리 활동 때부터 이 문화에 익숙해진다.

이러한 문화 속에서는 상대에 따라 대응을 '바꾸지 않는' 인간관계란 애당초 불가능하다. 영어에서는 'sister, brother'라는 단어를 쓰지만, 일본에서는 '여동생, 언니, 남동생, 오빠'로 확실하게 구분해서 쓴다. 미국처럼 서로 이름으로 부르는 일도 거의 없다.

왜냐하면 사회가 서열을 따지기 때문이다. 그래서 더욱 방심할 수 없다.

▶ 광고 '제작자'의 편견이 드러나는 사례

이번에는 광고에서 나타나는 뻔한 편견을 살펴보자.

대학은 학생 확보가 중요하다. 그런데 이과 학부는 대체로 다음 페이지 표 2에서 보듯 여학생 수가 적다.

일본에서는 '이과 계열 여학생'의 '이, 계, 여'를 따서 '리케조'라 부른다. 표만 봐도 확실히 희귀한 존재라는 사실을 알 수 있다. 그중에서도 공학 계열 학부가 특히 적다. 몇 년 전에는 일부 의대에서 남자 입시생을 우대하는 조치가 문제로 떠오른 적도 있다.

그런 상황을 타파하기 위해 여러 대학이 이과 학부에 진학

표 2 _ 전공별 여학생 비율

전공(학부)	여학생 비율(%)
인문학부	65.4
사회학부	34.7
자연과학	27.0
공학	14.0
농학	44.5
의학·치의학	34.7
약학·간호학 등	67.5
교육	59.0
기타	62.2

출처: 2016년도 내각부 자료

할 여학생을 늘릴 다양한 아이디어를 내고 있다. 광고 전략도 그 일환이다.

그중 마음에 걸리는 표현이 있었다. 데이터 사이언스 학부가 신설되는 한 대학의 웹사이트에 신입생 모집 페이지가 게시되었다.

이 신설 학부에서는 남녀 학생을 모두 모집했는데, 팸플릿에 등장하는 학생은 대부분 여학생이었다.

게다가 학부 소개란에는 데이터 다루기와 관련해 '데이터를 근거로 데이트 방법을 고민해 보자'라며 '그 사람은 어떤 스타일의 옷을 즐겨 입고, 어떤 음식을 좋아하고, 어떤 영화를 즐겨 볼까……? 데이트뿐 아니라 선물, SNS 메시지 한 줄에도 적용할 수 있다!'라는 문구가 나와 있었다.

해당 페이지 제작진은 젊은 여성의 최대 관심사는 연애나 데이트일 것으로 단정하고, 글 속에 패션이나 음식 등 여성잡지와 동일한 지향성의 아이템을 가득 채웠던 것이다.

색상도 핑크 같은 파스텔 계열로 꾸며져 있었다. 색에 대한 편견의 전형적인 사례다.

대학의 학부가 '정상적인 사회 만들기'와 '젠더 평등'을 목표로 내건다면 이 같은 편견에서 출발한 광고는 적합하지 않다는 생각이 들었다.

이 사례를 든 이유는 '누가 봐도 실패작'이라 할 만한 충격을 주지는 않지만, 제작진의 '편견'이 묻어나는 예이며 이 사례와 비슷한, 위기 관리상 적절하다고 할 수 없는 광고가 최근 일본 광고에 많이 보이기 때문이다.

사실 이 광고는 한 달 만에 웹사이트에서 사라졌다. 제작에
든 노동과 비용이 효율적으로 활용되지 않고 낭비되어 버린
것이다.

▶ 〈보도 스테이션〉의 홍보 영상에 비난이 쇄도한 이유

2021년에는 TV 아사히의 뉴스 프로그램 〈보도 스테이션〉의
프로그램 홍보 영상에 비난 여론이 쏟아져 결국 광고를 철회
하는 소동이 있었다.

이 영상은 직장인들 사이에서도 화제를 불러일으켰다. 방송
국 직원들 사이에서도 갑론을박이 오갔는데 남성 직원들 사
이에는 '어디가 문제인지 모르겠다'라는 이야기가 나왔고, 여
성 직원들에게도 '저 정도면 문제없지 않나?'라는 의견이 있
었다고 한다. 이처럼 무엇이 문제인지 정확히 인식하지 못한
사람들이 다양한 분란을 겪고 있는 현실이 젠더 평등 면에서
과도기를 맞은 오늘날 일본 사회의 민낯이다.

해당 소동의 개요는 이렇다.

2021년 3월 22일, 〈보도 스테이션〉의 공식 트위터와 유튜브
채널에 프로그램 홍보 영상이 나갔다.

직장에서 퇴근한 젊은 여성이 화상통화 모니터를 향해 이런 이야기를 늘어놓는다.

"우리 회사 선배가 출산휴가를 끝내고 아기를 데려왔는데, 정말 어찌나 귀여운지. 어느 정치인이 '젠더 평등'인가 하는 슬로건을 내걸던데, 그게 뭐야. 시대에 뒤떨어진 느낌이라고. 아, 맞다. 스킨 샀어. 진짜 진짜 좋은 거. 그나저나 소비세 올랐던데. 나랏빚은 줄지도 않았지? 어머, 9시 54분이네! 나 잠깐 뉴스 좀 봐도 돼?"

그리고 마지막에 '녀석, 보도 스테이션 보는구나'라는 큼지막한 자막이 뜬다.

이 영상의 문제점은 주요 등장인물인 여성이 어떤 역할을 하며, 어떻게 다루어지는가 하는 데 있다.

2020년 6월에는 〈요미우리 신문〉의 연재 기획 '미술관 여자'가 공개 직후부터 네티즌의 격렬한 비판을 받아 불과 2주 만에 막을 내리기도 했다. 그 기획은 '배우는 이는 무지한 여성, 가르치는 이는 나이 많은 남성'이라는 구도가 분명했다.

〈보도 스테이션〉의 홍보 영상도 마치 아버지가 위에서 내려다보는 시선으로(부모라면 귀엽게 여길 수도 있겠지만) 사회적 지식에 관심을 보이기 시작한 딸을 바라보는 형식을 취했다. 이를 통해 '여성은 사회적 관심, 정치적 관심이 적다'라는 편견이 전제로 깔려 있음을 엿볼 수 있다.

특히 비난의 표적이 된 표현은 여성의 대사 중 "어느 정치인이 '젠더 평등'인가 하는 슬로건을 내걸던데, 그게 뭐야. 시대에 뒤떨어진 느낌이라고" 하는 부분이다.

현재 '일본'이라는 나라는 젠더 갭 지수(성 격차 지수)가 세계 120위를 기록할 만큼 시대에 한참 뒤쳐져 있다. 그러니 젠더 평등을 슬로건으로 내걸고 문제 해결을 목표로 삼는 행위는 일본이 처한 상황에 비추어볼 때 그야말로 시의적절하며 시대에 뒤떨어진 일이 아니다.

일본의 상황을 비꼰 것일 수도 있으나 '슬로건이 시대에 뒤떨어졌다'라고 쉽게 단정하는 부적절한 자세는 문제다.

선진국에서도 젠더 평등이 완벽하게 실현되지 않아 지금도 끊임없이 노력 중이다. 일본 사회는 그 어디를 둘러봐도 파리테parité(프랑스어로 '동등, 평등'이라는 뜻)가 달성되어 있지 않다. 그런 와중에 정치인이 시급한 정책으로 젠더 평등을 내세우는 것은 지극히 당연하다.

결과적으로 이 영상은 정치인들이 진지하게 젠더 평등을 표방하는 현실을 모욕하고 말았다.

〈보도 스테이션〉측은 3월 24일에 공식 트위터 계정을 통해 사죄하고 홍보 영상을 내렸다. 결국 제작비를 낭비했을 뿐 아니라 프로그램의 평판까지 떨어뜨리고 말았다.

그러한 경솔한 내용은 '지금도 심각한 불평등이 존재한다'라는 실태를 부인할 뿐 아니라, 그 불평등을 진지하게 해결하려는 사람들에게 냉소적인 시선을 던지게 만드는 중대한 악영향을 미쳤다고 생각할 수 있다.

사실 젠더 평등에 대해서는 세상의 냉소적인 시선이라는 특징적인 반응이 종종 관찰된다. '젠더 평등을 새삼 외칠 필요가 있느냐?'라며, 발언을 달가워하지 않는 사람도 많다.

젠더 문제를 해결하려면 그 냉소를 자각하고, 왜 냉소적인 자세를 보이는지 자신에게 물으며, 자신의 좁은 견해를 깨뜨리는 것부터 시작해야 한다. 그렇지 않으면 제대로 된 논의가 이루어질 수 없다.

실제로 미디어 계통의 젠더 평등 상황을 살펴보면, 도쿄도에 본사를 둔 TV 방송국의 경우 여성 직원의 비율은 24.2%이고, 과장급 이상에서 여성의 비율은 15.1%에 지나지 않는다.

임원, 국장의 여성 비율은 0 또는 매우 낮으며, 콘텐츠 제작 부문(보도, 제작, 정보제작) 국장에는 여성이 한 명도 없다고 온라인 미디어 〈BuzzFeed Japan〉(3월 24일 보도)은 전한 바 있다.

아무튼 일본은 이 같은 중요한 사회적 문제를 해결하기 위해 땀 흘리는 사람들을 냉소하는 경향이 일부에 강하게 존재한다. 학교에도 '매사를 진지하게 보고 열심히 임하는' 태도를 촌스럽다거나 짜증난다는 세련되지 않은 조악한 감정 표현으로 야유하는 풍토가 있다. 그리고 그런 문화는 문제 해결을 방해하는 한 원인으로 퍼져 있다.

문제를 직시하고 싶지 않은 사람은 야유를 통해 자신을 보호하려 하는데, 그런 태도가 사회에 만연하면 변화는 일어나지 않는다. 무의식적 편견을 자각하는 것이야말로 이 상황을 알아차리고, 적극적으로 그 관계성을 변화시키려는 생각을 공유하는 시발점이 될 것이다.

2021년 2월 9일, 미디어와 성 비율 조사에 관한 기자회견이 열렸다. 이 자리에서 일본민간방송 노동조합연합회의 기시다 하나코 여성협의회 부의장은 '직원 수와 임원 수 사이에 괴리가 있다. 제작자가 다양하지 않으면 콘텐츠에도 영향을 주어 무의식적 편견이 수용자에게 파급될 우려가 있다'라고 위기감을 드러냈다(《BuzzFeed Japan》 2월 9일 기사). 부의장의 발언 속에도 키워드인 '무의식적 편견'이 들어 있었다.

제 2 장

무의식적 편견이
인간관계를
좀먹는다

▶ '지위'와 '자신'을 구별하지 못하는 사람들

편의점에서 '손님을 대하는 태도가 나쁘다'라며 점원을 호통치는 나이 든 남성을 본 적이 있을 것이다. 슈퍼마켓이나 대형 쇼핑몰에도 그런 사람이 있다.

점원에게 손님은 누구나 평등한 손님이다. 똑같은 커피나 도시락을 사는데 특별히 누구에게는 정중하게 대하고 누구에게는 함부로 대하라는 규칙이 있을 리 없다.

인터넷에는 중장년층 손님 가운데 태도와 매너가 험악한 일부 사람들에 관한 사례가 다수 올라와 있다.

예를 들면, 다음과 같다.

생활용품 매장에서 계산대 앞으로 새치기해 끼어든 나이든 남성이 오래 기다렸다는 이유로 성질을 부리며 물건을 집어 던지고는 이렇게 말했다. "다시는 오나 봐라, 이놈의 가게!"

술을 살 때는 계산대에서 성인 인증 버튼*을 눌러야 하는데 "내가 스무 살도 안 돼 보이냐? 난 절대로 안 누른다. 네가 대신 눌러!"라고 하는 손님이 있다. 대리 인증은 위법이니 협조해 달라고 설득하는 데 매번 시간이 걸린다.

"포인트 카드 있습니까?"라고 물으면 자신이 단골이라고 생각하는지 "없다는 말을 몇 번이나 해야 해!"라고 화를 냈다.

"비닐봉지에 넣어 드릴까요?"라고 물었더니 점원이 낀 얇은 고무장갑을 보면서 "그 장갑은 대체 몇 명이 같이 쓰는 거야? 더러운 손으로 만지지 마!"라고 시비를 걸었다.

마일드세븐 라이트는 번호가 붙어 있는데도 자신이 원하는 제품의 번호는 끝까지 말하지 않으면서 점원이 빨리 찾아주지 못한다고 폭언을 쏟아냈다.

2017년 1월에는 '고령층의 위압적인 태도로 인한 점원의 당

---

* 일본 편의점에서는 구매자가 기계에서 20세 이상 성인인지 확인하는 버튼을 누르게 되어 있다. 모든 책임은 구매자가 진다는 내용에 스스로 동의를 하게 하는 것이다.-옮긴이

혹감·불쾌감'에 대한 뉴스가 보도되기도 했다. 그 기사에 '회사 직책이 사적인 자리에서도 통한다고 생각하는 사람이 많은 것 같다. 아무도 너를 모른다고 누군가가 가르쳐 주어야 한다'라는 댓글이 달리기도 했다.

또 '나이 든 남자들, 옛날에는 더 기세등등했다. 당시에도 불만스러워한 사람은 있었을 것이다'라는 댓글도 있었다.

비슷한 상황을 목격한 적이 있는 독자들도 많을 것이다.

요즘 사람들은 '연장자나 지위가 높은 사람은 무조건 공경해야 한다'라는 가치관이 약하다. 존중받아야 하는 것은 본디 그 사람의 인품이나 기능, 능력이다. 나이나 지위가 아니다.

그런데 사람은 지위와 자신을 구별하지 못하는 경우가 많다. 권력을 휘두르는 자리에 있기에 그 직권으로 내리는 업무명령에 부하직원이 따르는 것이지 개인에게 심복하는 것이 아니다.

무슨 일이 있어도 내 상사를 따르겠다는 일념으로 똘똘 뭉친 부하직원은 눈을 씻고 찾아봐도 드물다. 그저 상사의 말을 거역하면 보너스가 깎이니까 따르고 있을 가능성이 크다.

이 같은 관계에 작용하는 힘을 심리학에서는 '권력'이라 부른다. 권력은 성질에 따라 둘로 나눌 수 있는데, 여기서 보너스를 줄일 수 있는 권한을 휘두른다면 이를 '강압적 권력 Coercive Power', 평가 점수를 높이 주어서 직급을 올려주는 힘을 발휘할 때는 '보상적 권력Reward Power'이라고 부른다. 둘 다 직업상의 지위에 수반되는 권력 덕에 생긴 것이지, 그 지위에 있는 개인의 인품이 뛰어나서 얻어진 힘은 아니다.

그런데도 개인과 직업상의 권한을 구별하지 못하고 혼동하는 사람들이 많다.

▶ '무의식'이기 때문에 고칠 방법이 없다?!

'무의식적 편견'에서 무의식이란 무엇일까? 왜 편견 앞에 '무의식'이라는 말이 붙어 있을까? 앞에서 했던 이야기를 이어가보자.

퇴직 후 직업상 지위가 없어졌어도 지금껏 대접만 받던 사람은 그런 일상에서 곧바로 벗어나지 못한다. 그런데 회사 밖에서는 아무리 대접해 달라고 요구해도 통하지 않는 것이 현실이다. 다만 본인은 그 부분을 제대로 이해하지 못한다.

그 사람은 아마 마지막 경력이 이사나 부장 같은 회사의 중요한 인물이었을 테고, 그 덕에 대단하게 취급받았을지 모른다. 그러나 퇴직하고 나면 '그냥 보통 사람'이다.

'보통 사람'이라는 사실에 적응하지 못하는 사람은 젊은이가 왜 자신을 더 대접해 주지 않는지를 좀처럼 이해하지 못한다. 대접받지 못하는 것에 대한 반발로 더 센 힘을 보여 주려고 젊은이 앞에서 으스대거나 명령을 내리는데, 그것이 바로 '갑질'이다.

본인은 그 '괴리'와 처지의 변화, 낙차를 깨닫지 못하는 것이다. 그러니 '무의식'이다. 처지의 변화를 자각하지 못하기 때문에 자신이 느끼는 불쾌감도 크다. 그래서 평소에 해 오던 대로 되지 않아서, 과거 자신이 받던 대우와의 차이에 화가 나서, 현재의 처지를 돌이켜보지도 않고 무심결에 화를 내고 마는 것이다. 이 경우의 '무의식'은 '무자각'이라는 말과 거의 같은 의미로 쓰인다.

퇴직 후가 아니더라도 평소 대접받는 회사 안에서의 처지와 회사 밖 가게에서 손님일 때의 처지는 다르다. 점원은 자기 부하직원이 아니기 때문에 언제든지 원하는 대로 응대해 주리라고 기대해서는 안 된다. 하기야 부하직원이라고 해서 말투부터 소소한 행동까지 모두 자신의 기대 수준에 걸맞아야 한다는 발상도 이미 사내 괴롭힘이라는 갑질의 일종이다.

오늘날 일본은 곳곳에 이 같은 '무의식적 편견'에서 빚어진 갑질의 싹이 자라고 있다. 시대의 변화에 맞지 않는 사람들이 흘러간 시절의 자기 이미지를 그대로 안고 사는 탓에 갑질의 가해자로 돌변해 버리는 사회가 된 것이다.

앞 사례와 관련해 가족이 "점원은 당신의 부하직원이 아니에요"라고 타일러 주면 본인도 처지의 변화를 자각하고 자기 행동을 조심할지 모른다. 그렇다면 그리 심각하게 자각하지 못하는 상황은 아닐 수도 있다. 본인이 어렴풋이 눈치 채고 있는 경우인 것이다.

예를 들어, 가게 점원에게 화내던 사람은 외국 여행지에서 들른 편의점에서도 일본에서와 마찬가지로 위압적인 태도를 취할까? 상황에 따라 완전히 태도를 바꾸는 건 정말 우스운 행태다. 해외에서는 취하지 않는 태도를 일본에서만 취한다면 그건 요컨대 '어리광'이다.

어째서 '무의식'이 문제가 되는가 하면, 본인이 의식하고 자각하고 있는 행동은 고칠 수 있지만, 무의식적으로 하는 행동은 잘못을 깨닫지 못하므로 그냥 두면 아예 고칠 방도가 없기 때문이다. 그래서 이는 심각한 문제로 발전하기 쉽고, 그런 탓에 최근 사회 곳곳에서 뉴스거리가 되고 있다.

주위를 둘러보면 예컨대 여성을 멸시하는 부적절한 발언에 대해 요즘 사람들은 상당히 민감하게 의식하고 있다. 그러나 뿌리 깊은 관습에 젖어 아직도 자각하지 못하고 차별을 반복하는 사람들이 많다.

임신, 출산한 여학생이 퇴학당하는 경우도 있다. 임신은 혼자서는 할 수 없으니 당사자는 또 한 사람 존재한다. 그러나 아이를 낳으면 일차적으로 아이 엄마에게 양육의 의무가 있다는 것이 세상의 관습적인 가치관이기 때문에, 다른 쪽 당사자인 남성은 책임에서 벗어나는 것이다.

태어난 아이를 어떻게 키울 것인가? 가족의 도움이 필요한 것은 당연하고, 유아원이나 양부모를 찾아야 하는 상황이 생길 수도 있다. 양부모를 찾을 수 있도록 지원해주는 단체도 있지만, 그런 준비도 여성 쪽 가족이 부담하고 있다.

임신을 죄처럼 취급하면 저출산은 당연한 결과로 자리 잡을 것이다. 어떤 상황에서도 사회가 안심하고 지원해야 태어난 아이가 축복받을 수 있다.

이런 관점 하나만 보더라도 일본 사회에 꽉 막힌 사고방식이 퍼져 있다고 할 수 있다.

최근 들어 상당히 개선되기는 했지만, 임신과 출산 가능성이 있는 여자 직원이 막상 출산을 앞둔 시점에서 육아 휴가를 받으려 할 때, 얼마나 많은 기업이 이를 지원하는지 궁금하다. 남편인 남성이 육아 휴가를 받는 데도 주저하고 동료들의 눈치를 보는 일이 실제로 일어나고 있다.

그러니 직장이 먼저 나서서 선언하고, 상사가 거리낌 없이 '안심하고 육아 휴가를 받아 쓰라'고 메시지를 던지면, 모두가 육아 휴가를 훨씬 편하게 받을 것이다.

육아 휴가가 끝나고 돌아왔을 때도 문제가 발생할 수 있다.

복귀한 여자 직원에게 아이가 아직 어리니 힘들지 않은 일이 좋을 거라며 상사가 알아서 책임이 가벼운 일만 주었다고 해보자. 하지만 그렇게 함으로써 해당 직원은 보람이나 충족감이 아니라 불만을 느낄 수도 있다. 상대가 좋은 의도에서 배려하고자 했더라도 받아들이기에 따라 결과는 완전히 달라질 수 있는 것이다.

가장 좋은 방법은 제대로 대화를 나누고 서로의 의향을 들고 나서 결정하는 것이다.

일방적인 생각, 무의식적 편견은 좋은 결과로 이어지지 않을 수 있음을 늘 의식하는 것이 중요하다.

▶ 연장자가 빠지기 쉬운 '연공서열'의 함정

상대의 의견을 묻지 않고 자신의 일방적인 믿음대로 일을 끌고 가는 방식은 '권위의 문제'를 안고 있다.

일본에는 아직도 연공서열제가 뿌리 깊게 존재한다. 사적인 상황에서도 일본인은 상대의 나이를 항상 신경 쓰기 때문에 상대를 대하는 태도와 말투가 계속 변한다. 학교 때부터 선후배 사이의 질서를 주입식으로 교육받기 때문일 것이다.

그래서 나이가 들면 나이가 많다는 이유만으로 주변 사람들이 충고하기 어려운 분위기가 만들어진다. 그래서 자칫 자신은 늘 옳다는 착각에 빠질 수 있다. 주변 사람들이 아무것도 지적하지 않는다고 해서 모두가 옳다고 인정한다는 의미는 아니다.

그런데도 사람은 '비판이 없다는 것을 옳다는 인정'으로 받아들이기 쉽다. 그래서 정중하게 상대의 의향을 묻지 않고 독단적으로 행동하게 되는 것이다. 연장자는 이런 점을 조심해야 한다.

▶ 여성은 정말 '수학을 못할까'?

대표적인 잘못된 믿음 중 하나로 '여성은 수학을 못한다'가 있다. 정말 그럴까? 이를 알아내려면 막연히 그럴 것 같다는 인상으로 판단할 것이 아니라 객관적인 데이터를 봐야 한다.

세계 각국의 수학, 과학, 독해력 성적을 남녀로 비교한 데이터가 있다(다음 페이지 표 3 참조). 이 표는 기초학력 미달 학생의 비율을 나타내었다. 남녀 각 몇 %가 기초학력 미달에 해당하는 레벨 1과 레벨 2인지를 보여주는 것이다. 막대그래프는 성적이 나쁜 여학생의 비율, 다이아몬드 표시는 성적이 나쁜 남학생의 비율을 나타낸다.

전형적인 예측과는 달리 기초학력 미달에 해당하는 학생의 비율은 남학생 쪽에 더 많다는 사실을 알 수 있다.

이는 젠더의 역할 이미지를 포함해 학습 태도 차이를 보여주는 사례에서도 관찰할 수 있다. 스웨덴, 노르웨이, 아이슬란드 등 젠더 격차가 작은 북유럽 국가에서는 여학생의 성적이

표 3 _ 독해력, 수학, 과학 학업성취도에서 레벨 2 이하를 기록한 학생의 국가별 남녀 비율

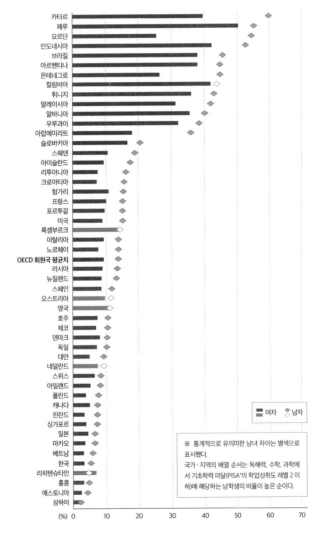

※ 통계적으로 유의미한 남녀 차이는 별색으로 표시했다.
국가·지역의 배열 순서는 독해력, 수학, 과학에서 기초학력 미달(PISA*의 학업성취도 레벨 2 이하)에 해당하는 남학생의 비율이 높은 순이다.

■ 여자 ◇ 남자

* 국제 학업성취도 평가(Program for International Student Assessment). OECD가 3년마다 실시하는 각국 학생의 교육 수준 평가 시험으로 만 15세 학생을 대상으로 읽기(독해력), 수학, 과학 능력을 평가한다.-옮긴이

두드러지게 높다.

이 표에는 교육 시스템이 타국과 동등하지 않은 나라, 문화적으로 여성 교육을 중요하게 여기지 않는 나라, 학생 성적이 남녀 동등하다는 나라도 있다.

즉, 여성과 남성이라는 성별로 따질 경우, 타고난 유전자 때문에 여성이 수학을 못한다는 말은 사실이 아니다.

데이터를 더 검토해 보았더니, 15세 정도를 놓고 비교했을 때 성적이 성별과 무관해서 별 차이가 없는지, 또는 남학생의 성적이 여학생의 성적을 웃도는지에 관한 결과에 법칙성이 있는 것으로 나타났다. 대체로 젠더 평등이 이루어지지 않은 나라가 성별에 따른 성적 차이도 더 컸다.

로잘린드 프랭클린 의과학대학의 리즈 엘리엇 교수 등의 연구에 따르면 남녀의 뇌에는 일찍이 알려진 바와 같은 '뇌량 굵기' 등에 관해 의미 있는 차이가 없다는 사실이 드러났다.*

쉽게 말해 '남성의 뇌', '여성의 뇌' 등으로 나누는 것은 그야

---

* 뇌량이란 좌뇌와 우뇌의 신경 세포를 연결하는 신경 다발이다. 뇌량이 굵으면 좌뇌와 우뇌의 협력관계를 강화해 좌우 뇌 역량이 높아진다. 흔히 남녀 뇌량의 굵기 차이로 인해 여성이 남성보다 청각이 예민하고, 여성은 남성이 할 수 없는 동시 작업을 수행할 수 있으며, 여성은 남성보다 감정 표현이 능숙하다고 알려져 있다.-옮긴이

말로 속설이며 근거도 없다는 것이다. 평균적인 몸 크기 차이부터 뇌 용적은 남녀가 조금 다르지만, 그 외에 한쪽 성별만이 상대적으로 어느 부위가 크다거나 어떤 기능이 강하다는 차이는 없다.

카네기멜론대학의 제시카 캔틀런 교수 등의 연구는 뇌의 발달을 살펴볼 때 수학을 잘하고 못하는 능력에는 성별 차이가 없다고 주장한다. 실제로 50페이지의 표 3과 같이 성별 차이는 매우 다양하게 나타나고, 그 나라의 사회·문화 양상에 영향을 받는다는 사실을 알 수 있다.

일본은 일찍이 서민 교육에 힘을 쏟았다. 에도 시대에는 데라코야라는 서당에서 여성도 교육을 받았다. 하지만 비율로 따지면 남성이 훨씬 많았고 여성은 바느질, 꽃꽂이, 예의범절 등 배우는 내용이 남성과는 달랐다. 또 무사를 양성하는 학교인 한코 등에는 여성이 입학할 수 없는 경우가 많았다.

일본에서는 현재 문과와 이과를 고등학교 때부터 나누는 교육 방식을 채택하고 있어 예로부터 이어져 내려오는 문화적 차이가 그대로 답습되는 일이 많다. 남성이 이과에 적합하다는 고정 관념 때문에 여성은 이과에 진학하기 어렵다. 본인이

원해도 주위의 반대가 따르기도 한다.

리더십 영역에서도 마찬가지다. 지금도 일본은 임원 중에 남성이 많다. 중학교에서조차 합창 대회의 지휘자를 누구로 정할 것인지를 놓고 리더의 자질을 따지기 전에 '성적이 좋았을 때 지휘자가 남성이었으니까'라는 합리적이지 않은 이유로 과거 사례(애당초 그 학교는 남성이 지휘자였던 사례가 압도적으로 많았다)를 좇아 결정했다는 이야기를 학생에게 들은 적이 있다.

▶ '젠더 평등'이 지지부진한 일본

〈마이니치 신문〉의 2021년 3월 31일 기사에 따르면 2020년 각국의 젠더 격차 현황은 다음과 같다.

'분야별로 보면 일본은 여성 국회의원 비율 등을 토대로 볼 때 정치 분야가 147위(2019년 144위)다. 여성 관리직 비율 등을 토대로 볼 때 경제 분야는 117위(동 115위), 문맹률이나 재학률을 토대로 볼 때 교육 분야는 92위(동 91위), 건강수명 등을 토대로 볼 때 건강 분야는 65위(동 40위).'

　　　　　　　　　　　–〈마이니치 신문〉 2021년 3월 31일 조간 발췌

순위의 토대가 되는 평등 달성률이 2006년 64.5%에서 거의 변화 없는 추이를 보인다. 그 사이 세계 각국에서는 젠더 평등에 큰 진전이 있었던 반면, 큰 변화가 없었던 일본은 순위가 떨어진 것이다.

하기야 옛날에는 지금보다 편견이 훨씬 강했다. 일본에서 여성은 제2차 세계대전 후까지 참정권이 없었고, 가부장제도 강했으며, 일부 계층에서는 여성의 인생에 크나큰 영향을 미치는 결혼도 집안끼리 결정하는 일이 보통이었고 선택의 자유 따위는 없었다. 여성에게 '남성보다 조심스럽게 행동해야 한다', '정숙해야 한다'라는 성별 역할 규범도 강력히 요구했다.

이러한 관습을 얼마나 의식하고 개선하려 노력했는지 진단해야 한다. 사회 제도뿐 아니라 개인의 사고방식 속에 낡은 성별 역할 관념이 아직도 남아 있다는 점이 문제다.

초등학교 교과서 등도 주목받고 있다. 옛날부터 아버지는 밖에서 일하고, 어머니는 집안일을 한다는 내용의 기술과 삽화는 고정된 성별 역할 관념을 주입한다는 주장이 제기되고 있다.

▶ '남자다움', '여자다움'을 강요해서는 아무도 행복해질 수 없다

현재 문제가 되는 편견 중 큰 줄기는 다양성에 대한 배려가 부족하다는 것이다.

세상은 여러 가지 삶의 방식이 있음을 서로가 인정하고 존중하는 쪽으로 움직여 왔다. 이런 움직임을 따르지 않는 사람들이 '예전처럼 행동'하다가 주위의 비판을 받고 흠칫 놀라는 상황도 늘었다.

개인의 생활방식을 예로 들어보자. 결혼을 하든 말든 이는 한 개인의 자유다. 그런데 결혼 '적령기'라고 하는 여성이 부모님 집에 가면 '결혼은 안 하느냐, 사귀는 사람은 있냐?'라고 묻는 경우가 다반사다.

성 역할 강요는 그런 '결혼 문제'와도 얽혀서 '여성이니까 예쁘게 꾸미고 다녀야 한다', '여성은 그런 말투를 쓰면 안 된다', '남자처럼 행동해서는 안 된다'부터 시작해서 모리 요시로 전 총리의 문제로 이어지는 '여성은 참견하지 마라', '여성은 사양하고 한 걸음 물러서 있으면 된다', '여성이라는 처지를 알고 처신해라' 같은 마치 여성의 주장을 틀어막으려는 발언으로 확대되는 것이다.

간단한 예방법이 있다. 주어에 일절 '남성은', '여성은'이라는 말을 넣지 않기, 성별로 말하지 않기. 곰곰이 따져 보면, 왜 굳이 성별로 구분해서 말해야 하는지 말하는 본인도 모를 때가 많다.

기존의 성 편견을 드러낼 때 어떤 표현이 이용되는지를 살펴보면, '착하다', '온화하다', '부드럽게 말한다', '배려를 잘한다', '협조적이다'라는 표현이 전통적으로 '여성스러움'을 연상시키는 말이었다.

반면 남성은 '자기주장이 강하다', '출세 의욕이 강하다(야심가다)', '리더십이 있다' 등이다.

자세히 보면 모두 성별과 무관하게 누구든 갖추고 있으면 좋은 성질들이다. 성별에 한정할 필요가 없다.

그 같은 도식적 믿음을 '스키마^{Schema}'라 부른다. '여성스러움'과 관계된 성별 도식을 '여성성 스키마', '남성스러움'과 관계된 성별 도식을 '남성성 스키마'라 부른다.

'남성스러움'을 강요하면 남성들도 갑갑하게 느낀다. '데이트할 때 장소 선택은 남성의 몫이다', '여성은 연봉이 높은 남성과 결혼하고 싶어 한다', '남성이 가장이다', '확정신고서 같은 것은 계산을 잘하는 남성이 써야 한다', '남성은 울면 안 된다', '남성은 참을 줄 알아야 한다', '남성은 체력이 좋으니까 야근은 남성이 맡아야 한다'……

애초에 남성 우위 사회였던 기업에서는 남성을 표준으로 삼아 근무 시스템을 짰기 때문에 예전에는 야근도 남성들이 도맡았다.

가정과 자녀가 있어도 학교에서 돌아온 아이에게 밥을 차려주는 일은 주부인 여성의 역할이었다. 그래서 그 시절에는 남편들이 저녁밥 하러 귀가할 필요가 없었으니, 회사에서 배달음식을 먹으면서 밤 10시, 11시까지 남아 있을 수 있었던 것이다.

하지만 이제는 더 생각할 필요도 없이 남성에게도 이는 절대 행복하지 않은 시스템이다. 정해진 시간에 직장을 벗어나 사생활에 충실히 임하는 것이 남성에게도 좋은 일이니까 말이다.

▶ 가족상의 다양화와 무의식적 편견의 관계

쇼와(1926~1989) 시대에 만들어진 '아버지, 어머니에 자녀 2명'으로 이루어진 4인 가족상은 이제 당연한 모습이 아니다.

2015년의 평균 가구 인원수는 2.33명으로 1인 가구가 34.5%를 차지한다. 4인 가구는 13.3%에 불과하다. 자녀수와 무관하게 부부와 아이로 이루어진 세대는 26.9%로 이러한 가족 형태가 대표적인 유형이라고 말할 수 없는 상황이 벌어졌다.

부부 두 사람으로 이루어진 가구는 20.1%다. 물론 이는 자녀가 성장 후 독립해 고령의 부부만 남은 가구도 포함하는 수치다.

혼인에 관해서는 표 4(60페이지 참조)와 같이 남성 40~44세의 30%, 여성 40~44세의 20% 정도가 혼인하지 않았다. 이미 '결혼을 당연'하게 여기는 세상이 아닌 것이다.

25~29세 여성의 미혼율은 2015년에 61.3%였으니 50~60대가 옛날 생각대로 20대 여성에게 '아직 결혼 안 했냐?'라고 묻는 것은 매우 부적절하다. 아무튼 과반수가 실제로 결혼하지 않았다.

말하자면 '비혼이 보통'이기 때문에 결혼을 권했다가 '쓸데 없는 참견 말라'는 핀잔을 듣는다고 하더라도 수긍이 될 만한 상황이다.

또 비즈니스 관계에서는 직원 개인의 혼인 상황 등 사적인 일에 개입하는 발언은 이미 터부시되고 있다.

실상을 모르면 깜빡하고 실수할 수 있으니 다시 한번 짚어 보자. 표 4 그래프의 최신 데이터인 2015년에 50대였던 사람이 20대 청춘이었던 30년 전(1985년)으로 거슬러 올라가 보면 25~29세 여성의 미혼율은 30%다. 즉, 여성의 70%가 20대 후반에는 결혼을 한 것이다.

이런 사정을 알고 나면 50대 또는 60대가 요즘 젊은 사람이 결혼하지 않는 세태를 이상하게 여기는 것도 어느 정도 이해가 된다. 상황이 30년 만에 놀랄 만큼 변했으니 말이다.

또 '혼인은 남녀의 결합이 보통'이라는 생각도 편견이 되어버렸다.

일본에서는 정규 동성결혼은 인정되지 않지만, 이른바 혼인 상태에 있으면 누리기 쉬운 공동생활, 땅·집 임대, 또는 집 구매, 상속, 공적 절차 대행 등 많은 면에서 동등하게 접근하려

표 4 _ 연령계층별 미혼율 비율

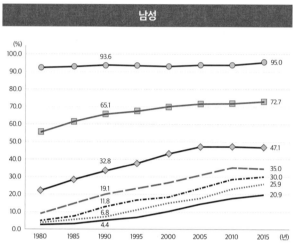

남성

(%)
- 93.6 → 95.0 (20~24세)
- 65.1 → 72.7 (25~29세)
- 32.8 → 47.1 (30~34세)
- 19.1 → 35.0 (35~39세)
- 11.8 → 30.0 (40~44세)
- 6.8 → 25.9 (45~49세)
- 4.4 → 20.9 (50~54세)

1980 1985 1990 1995 2000 2005 2010 2015 (년)

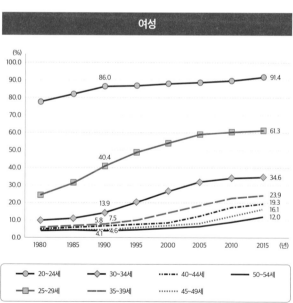

여성

(%)
- 86.0 → 91.4 (20~24세)
- 61.3 (25~29세)
- 40.4 → 34.6 (30~34세)
- 13.9 → 23.9 (35~39세)
- 7.5 → 19.3
- 5.8 → 16.1
- 4.6 → 12.0
- 4.1

1980 1985 1990 1995 2000 2005 2010 2015 (년)

| ●━ 20~24세 | ◆━ 30~34세 | ─·■·─ 40~44세 | ━━ 50~54세 |
| ■━ 25~29세 | ─ ─ 35~39세 | ········ 45~49세 | |

출처: 총무성 통계국 '인구조사'와 후생노동성 연차보고서

는 지자체가 있다.

그 예가 2015년 11월 도쿄도 시부야구와 세타가야구에서 시작된 파트너십 제도*다. 2021년 4월 현재 100개 지자체에서 시행되고 있다. 지자체 주민 인구로 따지면 일본 인구의 3분의 1이 거주하는 지역에서 이 제도가 시행되고 있는 것이다. 2020년 말 시점에 커플 1,516쌍이 이 제도를 이용해 증명서를 받았다고 한다.

이것도 매우 큰 진전이자 변화이며, 가족으로 동거하는 생활의 형태가 매우 다양해지고 있음을 알 수 있다. 하지만 아직 인구 과반수가 거주하는 지역으로 확산하지 않았고, 정규 혼인으로 인정되지 않았다는 문제는 있다.

그러나 이 문제에 관해 불과 10년 전까지는 인식조차 없었다는 점을 생각하면 일본에서도 급속히 동성애에 대한 이해가 높아지고 있다고 할 수는 있겠다. 지금도 일상에서 차별받는 사람들이 다수 있는 가운데 그 차별이 부당하고 불합리한

---

* 이성간 혼인과 비슷한 행정, 민간 서비스, 사회적 배려를 받을 수 있도록 한 제도. 지자체가 운영하는 공영주택 신청 시 동일한 자격을 부여받거나 일부 병원에서 본인을 대신해 동성 파트너가 수술에 동의할 수 있다. 법적 효력이 없어 배우자로서의 권리 행사, 세제 혜택, 유족 연금 등은 보장받을 수 없다.-옮긴이

것이라는 인식도 확실히 높아지고 있다고 생각할 수 있다.

이런 점을 미루어 보더라도 여성에게 '남자친구 있니?', 남성에게 '여자친구 있어?'라고 묻는 것이 얼마나 쓸데없는 짓인지 알 수 있다.

낡은 상식 덩어리인 '스키마'를 타파해야 할 때다. 이러한 스키마가 머릿속에서 작용하면 무의식적 편견이 어느새 일상에서 고개를 쳐들기 때문이다.

▶ 일본 특유의 '언어' 편견

일본에는 '남성 특유의 말투', '여성 특유의 말투'가 있다. 소설이나 만화에서도 등장인물의 성별에 따라 대사 말미에 특정 어미가 붙는다.

그러나 실제 대화에서는 이러한 여성적 어미가 별로 사용되지 않는다.

그런데도 등장인물의 캐릭터를 쉽게 드러내려는 의도 때문인지 가공의 세계에서는 이러한 말투를 강조하는 경향이 있다. 영어에는 이런 표현이 없는데도 서구 영화의 자막에 그런 번역투가 등장하고 있다. 이러한 예도 무심결에 성별 편견

Gender Bias을 심어주어 무의식적 편견의 시발점이 된다.

또 LGBTQ 문제와도 관련되는데, 남성이 표준으로 여겨지는 사회에 여성이 '진출', '적응'하는 이른바 일방적인 사회에서는 여성이 남성의 언어를 사용하게 되더라도 그다지 이상하지 않다. 하지만 남성이 여성 언어의 어미를 사용하면 '불쾌하다'는 등의 편견적 반응이 따르기도 한다.

이러한 말투는 자연스러운 일상적 인간관계 속에 숨어 있으므로 법으로 제한할 사안은 아니다. 기껏해야 사용 예시를 초등학교 교과서에 싣거나 TV 드라마에서 배우가 의식적으로 연기함으로써(시나리오를 제대로 준비해서) 영향을 줄 수밖에 없을 것이다.

그렇게 보면 미디어도 아직 이 문제를 충분히 의식하지 못하는 것 같다.

▶ 세상에 뿌리 깊게 남아 있는 '성별' 편견

흔히 여아의 책가방은 빨강, 분홍으로 골라 산다.

필자 연구실의 학생들이 이와 유사한 주제를 잡아 졸업 논문용 데이터를 수집하고 그 결과를 표로 만들었다. 온라인으로 대학생 231명(여성 150명, 남성 79명, 그 외 2명)으로부터 얻은 답변을 정리한 것이다.

목록에 올린 악기가 남성스러운지, 여성스러운지 그 이미지를 물었다. 모든 악기에 관해

① 남성스러움이 매우 느껴진다

② 남성스러움이 조금 느껴진다

③ 어느 쪽도 아니다

④ 여성스러움이 조금 느껴진다

⑤ 여성스러움이 매우 느껴진다

라는 다섯 가지 선택지 중 하나를 선택하는 방식으로 답변을 받았다. 그리고 선택지의 번호 ①에는 1…… ⑤에는 5와 같이 수치를 부여해 집계했다.

표 5에는 그 평균치가 나와 있다. 수치가 높은 쪽이 '여성스러운 이미지'가 있는 것이다.

결과를 보면 목록에 있는 열 가지 악기 중 가장 여성스럽다고 느낀 사람이 많은 악기는 하프, 그다음은 플루트, 세 번째

표 5 _ 악기에 대한 젠더 인식

평균치 / 악기	전체	남성	여성	기타
기타	2.36	2.22	2.43	2.50
피아노	**3.81**	3.72	3.87	3.50
트럼펫	2.97	2.96	2.96	3.50
플루트	**3.98**	3.86	4.05	3.50
아코디언	3.06	3.11	3.02	3.50
바이올린	3.75	3.76	3.75	3.50
클라리넷	3.50	3.68	3.40	3.50
리코더 · 피리	3.14	3.23	3.09	3.50
하프	**4.16**	4.18	4.15	4.00
드럼 · 큰북	2.00	1.86	2.07	2.50

※ 수치가 높을수록 '여성스러움'으로 인식된다. '남성', '여성'은 평가에 참여한 사람의 성별. 굵은 문자는 상위 3개 수치.
출처: 2016년도 내각부 자료

는 피아노, 네 번째는 바이올린이다.

실제 바이올린 연주자는 남성이 많지만, 일반적으로는 여성스럽다고 인식되는 것 같다. 어떤 악기든 연주자는 남녀 모두 존재한다. '이 악기는 이 성별에 맞다'라고 단정 지을 수 없을 텐데도 인식이 편중될 수 있는 것이다.

마찬가지로 악기와 젠더라는 주제를 고찰한 학생들은 다음과 같이 소감을 밝혔다.

"이번에는 악기와 젠더의 관련성에 관해 알아보았지만, 이외에도 젠더와 어떤 대상과의 관계성에 관한 부정적인 고정관념이 여럿 존재하며, 그러한 사고방식이 무의식적으로 남녀 간의 능력과 인품을 차별함으로써 젠더 문제를 발생시킨다고 생각했다."

실제로 '악기와 성별 이미지'에 관해 조사한 학생들은 음악 장르, 향기, 사람의 성질을 나타내는 단어 등에 관해서도 조사했고, 각각 여성스러움, 남성스러움의 이미지가 묻어 있음을 데이터로 보여 주었다. 세상 곳곳에는 성별로 구분한 상품 판매, 선전 전략 또한 퍼져 있음을 알 수 있다.

최근에는 여아용, 남아용이라는 고정 관념을 벗어던진 장난감 판매방식도 볼 수 있다. 또 남아용으로 판매되는 로봇 같은 제품을 사고 싶었지만, 부모님께 떼쓰지 못했다고 회상하는 여성들의 이야기도 들린다.

손자가 생길 나이가 되어서 손자를 위해 좋은 선물이라고 골라서 산 장난감이 케케묵은 느낌의 선택이 되어 버리면 유쾌한 일은 아닐 것이다.

시대의 변화를 잘 따라가고 싶다면 혼자 애쓰지 말고 젊은 이들에게 조언도 구하며 열린 태도만 취해도 해결할 수 있는 일이 많으니 기억하기 바란다.

▶ 인간관계를 파탄으로 모는 '생활방식' 편견

다음은 인터넷상의 한 '고민 상담' 사이트에 올라온 '시누이가 묻거나 참견해서 불만스러웠던 점'을 항목별로 정리한 글이다.

- 예금은 얼마나 있느냐?
- 낭비니까 (스마트폰을) 저렴한 알뜰폰으로 바꾸어라.
- 식비는 얼마나 드느냐?

- 아동수당은 쓰지 말고 전액 남겨라. 그게 상식이다.

- 돈이 모이지 않으면 고향으로 돌아가라.

- 맞벌이하면 아이가 불쌍하다.

- 이직해라. 코로나 걸린다.

하나같이 누군가의 생활방식, 살아가는 방법에 관해 지나치게 참견하는 내용이다. 자기 인생을 자유롭게 살 권리는 누구에게나 보장되어 있다.

그런데 아직도 구시대의 불편한 가치관을 짊어지고 사는 일부 사람들에게는 타자(친척이라 할지라도)의 자유를 존중해야 한다는 사고가 자리 잡지 못한 것 같다.

타인의 경제 사정은 사적인 영역이고, 어떻게 가계를 운영하는지에 대해서도 개입해서는 안 된다. 어떤 스마트폰, 요금제를 사용하든 그것은 그야말로 개인의 자유다. 경비를 대신 내주지도 않으면서 조언을 넘어선 요구를 한다면 명백한 자유 침해다.

그리고 위 상담을 보면 시누이라는 여성은 워킹맘이라는 삶의 방식을 부정하고 있다.

이 같은 고민이 대단히 많은데, 인터넷에서 '시누이 인간관계'라고 치면 이와 비슷한 상담 글이 넘쳐난다.

권리침해 문제라기보다는 시누이가 '시샘이 나서', '마음에 안 들어서' 괴롭히는 상황이 더 많은 것 같기도 하다.

역시 인간관계는 쉽지 않다.

▶ 잘못된 믿음이 유발하는 '여성 대 남성' 편견

세상에는 여성과 남성을 대조적으로 그려놓고 이해하려는 시도가 많다. 한때는 『말을 듣지 않는 남자, 지도를 읽지 못하는 여자』(앨런 피즈, 바바라 피즈 저)라는 제목의 책도 나왔다.

사물을 이렇게 둘로 나누는 것을 '이분법'이라고 하는데 사람들은 이분법적 사고를 좋아하는 것 같다. 실제로 도요대학 대학원의 구라야 다쿠미 씨는 세상에서 볼 수 있는 수많은 형용 중에서 이런 것들만 모아 '젠더 상투구'라고 정의한 연구를 진행했다(다음 페이지 표 6 참조).

이 같은 경향이 있다고 인정한 사람은 역시 전통적인 성별 역할 의식이 강하다는 점과 사회 변화보다 현상 유지를 지향하는 경향이 강하다는 사실을 알 수 있다. 그리고 여성 중에

표 6 _ 젠더 상투구를 인정하는 평균치

젠더 상투구	시인 정도 '전혀 수긍할 수 없다: 0'부터 '매우 수긍한다: 5'까지 6단계로 평가한 평균치		
	전체	여성 (307명)	남성 (133명)
여성은 '공감'을 원하고, 남성은 '해결'을 원한다.	3.37	3.51	3.22
낙담했을 때 여성은 공감받으면 활기를 되찾고, 남성은 격려받으면 활기를 되찾는다.	3.21	3.41	3.01
여성의 연애는 '저장하기'지만, 남성의 연애는 '다른 이름으로 저장하기'다.	3.17	3.52	2.81
여성은 기념일을 좋아하고, 남성은 일상을 좋아한다	3.06	3.11	3.01
남성은 넘버원이 되고 싶어 하고, 여성은 온리원이 되고 싶어 한다.	2.98	3.34	2.61
남성은 공간 인식 능력이 뛰어나고, 여성은 언어 능력이 뛰어나다.	2.92	3.22	2.62
남성은 상대의 '최초 남자'가 되고 싶어 하고, 여성은 상대의 '마지막 여자'가 되고 싶어 한다.	2.92	3.12	2.72
남성은 한 가지 일에 파고드는 데 뛰어나고, 여성은 멀티태스킹이 뛰어나다.	2.91	2.76	3.06
남성은 '결과'를 중시하지만, 여성은 '과정'을 더 중요하게 여긴다.	2.88	3.06	2.70
남성은 가점 방식으로 여성을 평가하고, 여성은 감점 방식으로 남성을 평가한다.	2.88	3.21	2.54
남성은 안심하면 바람피우고, 여성은 불안하면 바람피운다.	2.83	3.18	2.47
여성은 외출부터 하고 충동적으로 물건을 사지만, 남성은 살 물건을 정하고 나서 집을 나선다.	2.83	3.00	2.65
남성은 상대를 '고르려 하고', 여성은 상대와 '만나려 한다'.	2.80	2.79	2.81
남성은 '자주 가는' 장소에 가려 하고, 여성은 '처음 가는' 장소에 가려 한다.	2.68	2.62	2.74
남성은 거짓말할 때 상대의 눈을 피하고, 여성은 상대의 눈을 보면서 거짓말한다.	2.60	2.87	2.33
남성은 남 앞에서 말이 길고, 여성은 마음을 허락한 상대 앞에서 말이 길다.	2.57	2.85	2.28
파트너가 바람피웠을 때, 여성은 상간녀에게 화내지만, 남성은 자기 파트너에게 화낸다.	2.49	2.67	2.30
여성은 감정에 움직이고, 남성은 명분에 움직인다.	2.48	2.74	2.22

출처: 구라야 다쿠미(2017), '남성과 여성은 이렇게 다르다'를 받아들이기 쉬운 여성 - 양면 가치적 성차별과 젠더 상이 모델의 성차관(性差觀)과의 관련성. 도요대학 대학원 기요, 54, 121-140

도 이런 경향이 있다고 인정하는 사람이 일정 수 있다는 데 주목할 필요가 있다.

이를 시인하는 경향은 권위주의적인 사고방식과도 관계가 있다.

성별로 나누지 않아도 되는 것, 그리고 성별보다 개인차가 더 큰 사안에 대해서는 의미 없는 구분은 하지 않는 편이 건 전할 것이다.

이러한 무의식적 편견이 드러날 때, 자신도 모르게 의도하지 않은 실수가 생긴다.

애당초 '여자는', '남자는'이라는 식으로 주어를 말하는 데 문제가 있다. 또 자신의 개인적 견해를 일반화하는 것도 문 제다.

제 3 장

'왜곡된 믿음'은 모두의 마음속에 자리 잡고 있다

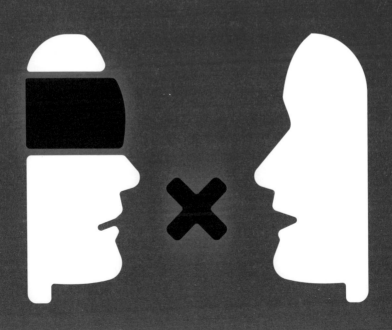

▶ 우리의 일상에는 '잘못된 믿음'이 넘쳐난다

필자는 2020년 6월부터 11월 사이에 일본노동조합총연합회의 조합원 5만 871명을 대상으로 무의식적 편견의 인식률을 조사했다. 다음 페이지 그래프에 그 결과가 나와 있다(표 7: 2020년 12월 4일자 보도 자료).

3장은 이 조사 결과에 대한 분석으로 시작한다.

이 조사는 흔히 접할 수 있는 잘못된 믿음이 우리 일상에도 존재하는지, 자신에게도 해당하는지에 관해 복수의 답변을 하는 방식으로 진행되었다.

의식적인 답변이므로 본래대로라면 '무의식적'이라 할 수 없

표 7 _ 무의식적 편견의 인식률

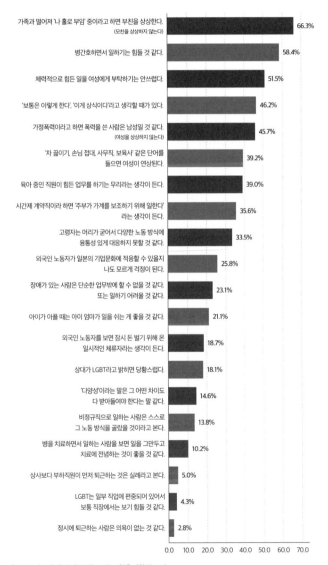

항목	비율
가족과 떨어져 '나 홀로 부임' 중이라고 하면 부친을 상상한다. (모친을 상상하지 않는다)	66.3%
병간호하면서 일하기는 힘들 것 같다.	58.4%
체력적으로 힘든 일을 여성에게 부탁하기는 안쓰럽다.	51.5%
'보통은 이렇게 한다', '이게 상식이다'라고 생각할 때가 있다.	46.2%
가정폭력이라고 하면 폭력을 쓴 사람은 남성일 것 같다. (여성을 상상하지 않는다)	45.7%
'차 끓이기, 손님 접대, 사무직, 보육사' 같은 단어를 들으면 여성이 연상된다.	39.2%
육아 중인 직원이 힘든 업무를 하기는 무리라는 생각이 든다.	39.0%
시간제 계약직이라 하면 '주부가 가계를 보조하기 위해 일한다'라는 생각이 든다.	35.6%
고령자는 머리가 굳어서 다양한 노동 방식에 융통성 있게 대응하지 못할 것 같다.	33.5%
외국인 노동자가 일본의 기업문화에 적응할 수 있을지 나도 모르게 걱정이 된다.	25.8%
장애가 있는 사람은 단순한 업무밖에 할 수 없을 것 같다. 또는 일하기 어려울 것 같다.	23.1%
아이가 아플 때는 아이 엄마가 일을 쉬는 게 좋을 것 같다.	21.1%
외국인 노동자를 보면 잠시 돈 벌기 위해 온 일시적인 체류자라는 생각이 든다.	18.7%
상대가 LGBT라고 밝히면 당황스럽다.	18.1%
'다양성'이라는 말은 그 어떤 차이도 다 받아들여야 한다는 말 같다.	14.6%
비정규직으로 일하는 사람은 스스로 그 노동 방식을 골랐을 것이라고 본다.	13.8%
병을 치료하면서 일하는 사람을 보면 일을 그만두고 치료에 전념하는 것이 좋을 것 같다.	10.2%
상사보다 부하직원이 먼저 퇴근하는 것은 실례라고 본다.	5.0%
LGBT는 일부 직업에 편중되어 있어서 보통 직장에서는 보기 힘들 것 같다.	4.3%
정시에 퇴근하는 사람은 의욕이 없는 것 같다.	2.8%

0.0 10.0 20.0 30.0 40.0 50.0 60.0 70.0

출처: '무의식적 편견 진단' 일본노동조합총연합회 조사

겠으나 상당수의 답변자에게 잘못된 믿음이 발생하기 쉬운 몇 가지 요소가 있음을 알 수 있었다.

여기서 핵심은 잘못된 믿음이 '당사자와 대화하고 의사소통을 시도해서 대처하는 경우가 아닐 때' 문제로 발현된다는 것이다.

개중에는 실태의 비율을 반영하기 어려운 사례도 있다. 사람들은 '외국인 노동자가 일본의 기업문화에 적응할 수 있을지 나도 모르게 걱정이 된다'라는 항목을 보면 양심적인 걱정일 뿐이라고 생각할 것이다.

자신은 상대를 차별하는 것이 아니라 '자신을 제외한 사회의 많은 사람이 일본인의 노동 관습이나 직장 풍토를 강요할 것이다', 또는 '그것이 어쩔 수 없는 사실이므로 적응하는 데 어느 정도 어려움을 느끼는 것이 당연하다'라고 생각하는 것이다.

정말 그렇다. 이는 사회 전체가 가지는 편견을 개인이 인식한 상태에서 상대를 걱정하는 것이라 볼 수도 있다.

그러나 중요한 점은 개인과 개인이 만났을 때 크게 힘들이지 않고 적응하는 사람도 있는가 하면 몹시 힘들어하는 사람도 있을 텐데, 그러한 개인차를 알아차릴 수 있는가 하는 점이다. 사실 상대와 대화해 보지 않으면 자세히 알 수 없는 노릇이다.

어느 날 갑자기 '육아 중인 직원에게도 차별 없이 힘든 업무를 배정하겠다'라면서, 지금껏 하지 않던 방식으로 업무를 배정하면 이것도 곤란할 것이다. 사람에 따라 다르다는 점, 각자와 대화하고 상담해야 한다는 점을 명심해야 한다.

▶ 기억과 이미지는 쉽게 왜곡된다

편견은 누구에게나 있다. 우리는 일상 속에서 다양한 일들이 발생할 때마다 자신이 가진 기존의 배경지식을 활용해 그 일들을 이해한다.

이를 '스키마'라고 부른다. 우리는 갓난아기처럼 아무것도 모르는 눈으로 세상을 보는 것이 아니다. 만약 그렇다면 어려운 한자로 된 광고나 간판, 어른들이 주고받는 말의 의미도 이해할 수 없을 것이다. 우리 머릿속에는 이미 엄청난 지식, 즉 기억이 있다.

재미있게도 이러한 배경이 되는 지식은 분명 태어난 뒤에 배운 것인데도 '기억한 내용'이라는 이미지가 없다. 기억이라고 하면 영어 단어나 역사 연호처럼 열심히 외우려고 노력해서 머릿속에 저장한 것이라는 이미지가 있다.

하지만 우리는 오늘 대화하는 친구의 이름과 얼굴을 모두 기억하고 있고, 그 친구와 어제 같이 겪은 일도 기억한다. 그러고 보면 우리는 기억 없이는 정상적인 친구 관계를 맺을 수 없고 일상생활조차 해낼 수 없음을 알 수 있다.

다만, 기억의 경험은 사람에 따라 어느 정도 다르다. 초등학교 시절을 즐거운 추억으로 기억하는 사람도 있고, 힘든 경험이 더 많았다고 기억하는 사람도 있을 것이다. '초등학교'라는 단어를 볼 때 우러나는 마음도 사람마다 다른 것이다.

그래서 '괴로웠다'라는 편견이 있으면 안 좋은 일을 더 자주 떠올릴 수 있다. 친구의 초등학교 시절 추억담을 들으면서도 그 안에서 부정적인 일을 자기 경험으로 끌어당겨 슬퍼해야 할 사태를 회상하면서 이해, 해석할 수도 있는 것이다. 이것이 편견이다.

자기 기억이나 이미지와 일치하도록 실태를 왜곡해서 해석하는 사례는 법정 증언을 본뜬 '목격자의 증언' 연구에서도 자주 다루어진다.

미국의 인지심리학자 엘리자베스 로프터스의 연구팀은 실험에서 두 대의 승용차가 충돌하는 영상을 실험 참가자들에게 보여주었다.

같은 영상을 보여준 뒤, 몇 명에게는 '자동차가 격돌했을 때 어느 정도의 속도로 달리고 있었습니까?'라고 물었고, 다른 사람들에게는 '자동차가 부딪쳤을 때 어느 정도의 속도로 달리고 있었습니까?'라고 묻는 등 자동차의 접촉 당시 상황에 대해 '격돌했다', '충돌했다', '들이받았다', '부딪혔다', '접촉했다'라는 다섯 종류의 동사로 된 질문을 다섯 무리의 실험 참가자에게 던졌다.

예상한 대로 어감이 가장 센 '격돌'이라는 표현으로 질문했을 때, 실험 참가자들은 속도를 가장 빠르게 답했다.

주목할 점은 일주일 뒤, 실험 참가자에게 재차 몇 가지 질문을 했을 때의 답변이다. 이른바 '사건의 기억'에 대한 검증이다.

그중에는 '깨진 앞 유리를 보았습니까?'라는 질문이 있었다. 실제 영상에서는 충돌이 가벼웠던 탓에 앞 유리는 깨지지 않았다.

그런데 일주일 전에 속도에 관한 질문에서 '격돌'이라는 센 표현을 접했던 실험 참가자 무리에서는 32%가 '깨진 앞 유리를 보았다'라고 답했다.

일반적으로 사건의 목격 증언은 완벽히 신뢰하기 어렵다고 알려져 있기 때문에, 현대의 중대 사건 수사에서는 목격 증언보다 물증을 중시한다.

하지만 일반인 배심원은 이런 잘못된 '목격 증언'에 영향을 받을 수도 있다. 이런 실험 결과를 모르면 '기억은 확실한 것'이라고 여기기 쉬운 탓이다.

해석을 유도할 수 있는 '격돌'이라는 키워드를 사용하면 우리의 이해 기반은 이토록 쉽게 영향을 받는 것이다.

▶ 사람은 왜 '고정 관념'에 현혹될까?

교통사고 환자가 응급실에 실려 왔다.

사고가 심각했는지 차에 타고 있던 부자 중 운전하던 아버지는 즉사, 아들은 중태였다.

응급실 담당 외과의가 환자의 얼굴을 한번 보더니 "내 아들이에요. 도저히 내 손으로는 수술할 수 없어요"라고 말했다.

이 남자아이와 외과의는 무슨 관계일까?

찬찬히 생각해 보기 바란다……. 자, 어떤 답이 떠올랐는가?

이 문제는 오래전부터 유명했던 고정 관념 체험 시나리오다. 필자는 아마 열 살 때쯤 이 문제(퀴즈)를 처음 본 것 같다.

가장 명확한 답 중 하나는 다친 아이의 '어머니'가 외과의인 경우다. 고정 관념에 사로잡힌 사람들은 외과의나 변호사 등 전문성이 높은 직업에 종사하는 사람은 왠지 남성일 거라고 믿어 의심치 않는 심리가 있어, 좀처럼 이 '답'에 도달하지 못해 혼란을 느끼게 된다.

그 외에도 특히 전통적인 성 역할 관념이 머리에 깊이 박힌 사람들은 육아는 여성이 맡는 거라는 믿음이 강하기 때문에, 저녁에 열린 파티에서 아이가 있는 여성을 보면 '이 시간에 아이는 어쩌고 나왔냐?'는 말을 아무렇지도 않게 던진다.

아이가 있는 남성에게는 그렇게 묻지 않는데 여성에게만 묻는다면, '원래 아내는 해가 지면 집에서 아이를 돌보는 게 당연하다'라는 성 역할을 강요하는 것이라고 봐도 좋을 것이다.

그런데 최근에는 성 역할이 그리 단순히 구분되지 않는다.

동성 결혼만 해도 유럽에서는 널리 인정받는 방향으로 흘러 가고 있다. 그러다 보니 남성끼리 결혼해서 입양까지 한 결과 (이것도 일본보다 더 활발하다), 자녀에게 아버지만 둘인 경우도 있을 수 있다.

또 부모가 재혼함에 따라 아버지라고 부를 사람이 두 명인 경우도 있다. 가족의 형태가 다양해지면서 가족 구성원의 모습도 다양해졌다.

그래서 우리 심리학 연구자들은 육아에 관해 이야기할 때, 특별히 필요한 경우가 아니라면 '어머니가'처럼 육아를 모친의 역할로 단정 짓는 화법은 피한다.

아버지만 있거나 어머니만 있는 가정이 있고, 양호 시설에 사는 아이도 있으며, 양어머니, 양아버지와 사는 아이들도 있기에 '양육자' 또는 '보호자'라는 호칭을 더 자주 쓴다.

▶ 남녀의 '역할 고정'은 근대 사회의 부산물이다

앞서 소개한 퀴즈에서 '환자를 자기 아들이라 부를 사람은 사고 현장에서 즉사한 아버지를 제외하면…… 어머니다!'라고 추측해 내는 '모범' 답변도 알고 보면 대부분의 커플이 이

성애 커플이라는 단정에 따라 도출된 답이다. 이 점을 고려할 때, 해당 퀴즈는 이 시대를 살아가는 사람들이 어떤 고정 관념에 사로잡혀 있는지를 일깨워주는 역할을 하기에 역부족이라는 느낌이 든다.

이제는 일터에 남성과 여성이 함께 나타났을 때, 무조건 남성을 상사라고 예상하고 대응했다가는 엉뚱한 실례로 이어질 가능성도 있다. 현대 사회에서는 독자 여러분도 이미 그와 관련한 경험을 한 적이 있을 것이다.

최근에는 고고학 연구가 발전함에 따라 '전통적'이라 여겨지던 작업의 성 역할 분담이 실제와는 차이가 있었음이 속속 드러나고 있다. 여성도 사냥에 종사했다는 사실이 밝혀진 것이다.

남성은 사냥, 여성은 채집이라는 역할은 그리 절대적인 구분이 아니었다. 농경 사회가 성립한 뒤에도 논밭에서 양성이 함께 작업하는 모습은 흔한 광경이었으며 지금도 그러하다. 남성이 밖에서 일하고 여성이 집안에서 일하는 문화는 그리 역사가 길지 않은 근대 '출퇴근 사회'가 형성된 이후의 일시적 현상이라고까지 말할 수 있다.

▶ 장애인은 약한 존재라는 잘못된 믿음

이러한 남녀 문제는 일상에서 볼 수 있는 가장 흔한 편견인데, '장애인은 약한 존재'라는 고정 관념도 그에 못지않은 고정된 이미지다.

장애가 있는 사람은 지원이 필요한 존재라는 스키마가 있는데 그러한 색안경을 끼고 보면 마치 어린아이 다루듯이 대해야 한다는 편견도 생길 수 있다.

다리가 불편해서 휠체어로 이동하는 것 외에는 비장애인과 차이가 없는 사람을 향해 무릎을 꿇고 눈높이를 맞추는 광경을 종종 보는데, 거기까지는 좋다고 해도 마치 어린아이를 대하듯 '쉬운' 말로 이야기를 건네는 사람이 있다. 휠체어를 타고 있을 뿐 다른 사람과 같은 수준으로 대화할 수 있는데 말이다. 다리에 장애가 있다고 해서 머리 기능에도 영향이 있다고 생각한다면 이는 대단한 실례다.

이런 종류의 편견 중에는 '긍정적'인지 '부정적'인지 판별하기 어려운 것도 있다. 예를 들어, TV 드라마 등에는 장애인이 '열심히' '필사적으로 노력'하고, 주위 사람들을 챙기고 배려하며, 감동을 주는 장면이 자주 나온다.

이렇듯 '장애인은 모두 마음이 아름다운 사람들'이라는 것도 편견이다. 비장애인이 '마음대로' 그런 이미지를 품는 게 문제인 것이다.

누구든 어느 날 갑자기 장애를 입을 수 있다. 장애인도 장애 이외의 속성은 비장애인의 속성과 비율, 평균치가 모두 같다. 굳이 말하자면 사회 보장이 확실치 않아서 경제적으로 풍족하지 않을지는 몰라도 성격에 차이가 나는 것은 아니라는 말이다.

장애인에게 무조건 '넉넉한 마음씨'와 '따뜻한 마음씨'를 기대하면 장애인에게도 부담이 된다.

그런 점에서는 '긍정적인 눈'으로 보는 것도 부담을 키울 수 있으니 가장 좋은 방법은 역시 이상한 편견 없이 현실적인 사실과 마주해 상대방 한 사람, 한 사람과 제대로 만나고 그 사람의 독자성을 인정하며 정중하게 소통하는 것뿐이다.

▶ 당신의 마음속에 자리 잡은 '편견' 찾아내기

사회심리학에서는 편견을 측정하기 위해 암묵적 연관 검사 Implicit Association Test(이하 IAT)라는 도구를 쓴다. 누구나 이 간단한 검사로 자신의 편견을 알아낼 수 있다.

다음 페이지의 도표를 보면, 가운데 열과 그 양옆에 여러 단어가 나열되어 있다.

양옆에는 학문 분야로 인문학과 자연과학(문과, 이과), 인물로는 남성, 여성 등의 카테고리 분류가 나와 있다.

검사 방법을 설명하면 다음과 같다. 우선 가운데 열에 있는 단어를 위에서부터 순서대로 하나씩 좌우 카테고리로 분류해 나간다. 단어를 하나, 하나 왼쪽 카테고리에 해당하는지 오른쪽 카테고리에 해당하는지 순식간에 판단한 뒤, 좌우 어느 한쪽 [ ]에 체크 표시(✔)를 해 넣는다.

제한 시간은 20초다. 맨 위에서부터 건너뛰지 말고 순서대로 수행해야 한다. 깊이 생각하다가는 금방 시간제한에 걸릴 테니 스톱워치로 재면서 재빨리 검사하는 것이 좋다. 다른 사람이 재면 엄밀하게 계측할 수 있고 진행하기도 쉽다.

A 목록을 점검한 뒤에는 B 목록으로 넘어간다. B 목록은 카테고리 구분의 좌우가 바뀌어 있다. 이 점에 주의한다.

제한 시간은 A 목록과 마찬가지로 20초다. 참고로 검사 순서는 B 목록을 먼저 수행한 뒤에 A 목록을 수행해도 상관없다.

IAT[A]

여성 또는 자연과학	[ ] 우주공학 [ ]	남성 또는 인문학
	[ ] 아저씨 [ ]	
	[ ] 정보공학 [ ]	
	[ ] 딸 [ ]	
	[ ] 예술학 [ ]	
	[ ] 할머니 [ ]	
	[ ] 영문학 [ ]	
	[ ] 남편 [ ]	
	[ ] 물리학 [ ]	
	[ ] 아들 [ ]	
	[ ] 화학 [ ]	
	[ ] 아주머니 [ ]	
	[ ] 아버지 [ ]	
	[ ] 기계공학 [ ]	
	[ ] 어머니 [ ]	
	[ ] 철학 [ ]	
	[ ] 아내 [ ]	
여성 또는 자연과학	[ ] 역사학 [ ]	남성 또는 인문학
	[ ] 불문학 [ ]	
	[ ] 할아버지 [ ]	
	[ ] 물리학 [ ]	
	[ ] 아저씨 [ ]	
	[ ] 화학 [ ]	
	[ ] 아주머니 [ ]	
	[ ] 역사학 [ ]	
	[ ] 아들 [ ]	
	[ ] 불문학 [ ]	
	[ ] 영문학 [ ]	
	[ ] 아내 [ ]	
	[ ] 철학 [ ]	
	[ ] 남편 [ ]	
	[ ] 기계공학 [ ]	
	[ ] 할아버지 [ ]	
	[ ] 우주공학 [ ]	
	[ ] 할머니 [ ]	
여성 또는 자연과학	[ ] 화학 [ ]	남성 또는 인문학
	[ ] 아버지 [ ]	
	[ ] 정보공학 [ ]	
	[ ] 딸 [ ]	
	[ ] 아저씨 [ ]	

IAT[B]

[ ]	우주공학	[ ]
[ ]	아저씨	[ ]
[ ]	정보공학	[ ]
[ ]	딸	[ ]
[ ]	예술학	[ ]
[ ]	할머니	[ ]
[ ]	영문학	[ ]
[ ]	남편	[ ]
[ ]	물리학	[ ]
[ ]	아들	[ ]
[ ]	화학	[ ]
[ ]	아주머니	[ ]
[ ]	아버지	[ ]
[ ]	기계공학	[ ]
[ ]	어머니	[ ]
[ ]	철학	[ ]
[ ]	아내	[ ]
[ ]	역사학	[ ]
[ ]	불문학	[ ]
[ ]	할아버지	[ ]
[ ]	물리학	[ ]
[ ]	아저씨	[ ]
[ ]	화학	[ ]
[ ]	아주머니	[ ]
[ ]	역사학	[ ]
[ ]	아들	[ ]
[ ]	불문학	[ ]
[ ]	영문학	[ ]
[ ]	아내	[ ]
[ ]	철학	[ ]
[ ]	남편	[ ]
[ ]	기계공학	[ ]
[ ]	할아버지	[ ]
[ ]	우주공학	[ ]
[ ]	할머니	[ ]
[ ]	화학	[ ]
[ ]	아버지	[ ]
[ ]	정보공학	[ ]
[ ]	딸	[ ]
[ ]	아저씨	[ ]

여성
또는
인문학

남성
또는
자연과학

20초 동안 각기 몇 번째 줄까지 수행했는지 그 개수를 헤아리고 A와 B를 비교한다.

대부분은 B 목록 쪽을 진행하기 쉬웠을 것이다.

그 원인은 많은 이의 머릿속에 이공학 분야를 배우는 사람은 남성이 많다는 이미지가 강하게 박혀 있기 때문이다. 그것은 이미 살펴본 것처럼 일본 대학 학부, 학과의 남녀 비율을 볼 때 현실이기도 하다(표 2: 30페이지 참조).

그래서 B 목록처럼 성 역할 '이미지(고정 관념)'와 성별을 대응시킨 경우에 검사가 더 빠르게 진행되는 것이다(이를 잠정적으로 '일치 블록'이라고 부른다).

반대로 A 목록처럼 전통적인 고정 관념과 반대로 편성된 경우(이를 '불일치 블록'이라고 부른다)에는 오류가 자주 생기는 탓에 수행하는 데 시간이 걸린다.

이 검사에서 중요한 것은 시차와 속도 차의 분석이다.

물론 대학과 기업에서 일하는 여성 이공계 연구자를 한 명, 한 명 헤아려 보면 그 숫자가 적지 않다. 식품 회사나 제약 회사, 화장품 회사의 연구소에도 여성 인력의 숫자가 꽤 되고 여성 기술자와 엔지니어도 늘어나는 추세다.

그런데도 우리 머릿속에 '남성은 이공계, 여성은 인문계'라는 이미지가 여전히 뿌리 깊게 남아 있기 때문에 이런 검사를 하면 그 차이가 여실히 반영되는 것이다.

▶ 무의식적 편견을 부각하는 IAT의 메커니즘

IAT는 앤서니 G. 그린월드와 마자린 R. 바나지가 공동 개발한 도구다(『마인드 버그』 중에서).

이들은 먼저 '백인 대 흑인'과 '긍정어 대 부정어'의 조합으로 실험을 진행했다.

통상적인 IAT를 실시하려면 '남성/여성' 같은 상반되는 카테고리 둘, 그리고 그것과 관련지을 속성 둘을 조합해야 한다.

고정 관념을 측정할 때는 '남성/여성', '자연과학/인문학'처럼 일상에서 관련이 있을 법한 성질을 조합하는 경우가 많다. 그런데 '감정적인' 편견을 측정할 때는 특별한 연관이 없는 일반적인 '긍정어/부정어'를 사용한다.

이때는 '평화', '전쟁', '우정', '사고', '우승', '성공' 등 특별히 의미가 '쌍'을 이룰 필요가 없으므로 같은 정도의 긍정성, 부정성을 갖는 단어만 쓰면 된다. 우정, 전쟁이라는 단어가 개념 측면에서 흑인, 백인이라는 단어와 결부되지는 않으니까 말이다.

'이런 관계없는 단어로 검사해도 유의미한 차이를 얻을 수 있을까?'라고 의아하게 여길 수 있지만, 의외로 분명한 차이가 나타난다.

제시된 '카테고리'에 부정적인 편견이 강할 때, 불일치 블록은 역시 시간이 더 걸렸고 일치 블록은 더 빨리 진행되었다.

참고로 실제 실험은 종이와 필기도구를 이용해 스스로 시간을 재면서 수행하는 것이 아니라 컴퓨터를 이용해 수행하게 된다. 인터넷상에는 IAT 검사를 받을 수 있는 사이트도 있다.*

이 책에서는 20초간의 제한된 시간에 몇 번째 줄까지 수행하는지를 보았지만, 실제 실험에서는 분류 수행 속도(오른쪽 키를 누를 때 걸리는 속도와 왼쪽 키를 누를 때 걸리는 속도)를 천 분의 일 초 단위로 측정한다.

항목별로 답변에 걸린 시간을 재는 것이다. 단어 마흔 개를 분류하는 하나의 과제물에 대한 '반응 시간' 평균을 지표로

---

* https://implicit.harvard.edu/implicit/korea/

삼기 때문에 매우 정밀한 실험이다.

IAT를 해 보면 누구에게나 편견이 있다는 사실을 알 수 있다. 개발자 바나지조차 자신이 여성이면서 '불일치 블록' 쪽에 시간이 더 걸렸다고 언급한 바 있다.

물론 '불일치'가 당연하다는 말은 아니다. 반응 속도에 '차이가 나지 않는' 상태, 어느 쪽도 더 곤란하지 않는 상태가 이상적이다.

사실, 사회에서 흔히 관찰되는 편견을 고발한다는 의미에서 본다면 '편견 있는 상태'가 곧 '머릿속에서 일치로 느끼는 상태'이므로 '불일치 블록'을 '일치 블록'이라 부를 수도 있다.

미국에서는 백인을 대상으로 IAT를 시행하면, 흑인이 부정성과 결부된 블록에서 반응 시간이 빨라진다. 이런 것이 무의식적 편견이다.

답변의 속도 차는 의식적으로 차이를 내려 했기 때문이 아니라 머릿속 연결 작용이 불가피하게 자동으로 영향을 준 탓에 나타난 것이다. 따라서 스스로 제어하기 어렵다.

IAT는 그야말로 자신이 알아차리지 못하는 사이에 편견을 드러내기 때문에 무의식적 편견의 가장 일반적인 측정 도구로 이용되는 것이다. 바로 이런 점이 무의식적 편견의 '무의식'이라는 말을 탄생시킨 근거다.

▶ IAT는 사회상황 개선에 유용한 도구다

IAT로 측정한 무의식적 편견은 수검자 개개인의 편견이다. IAT 검사는 수검자의 편견을 단죄하기 위해서가 아니라 사회의 편견 상황을 개선하기 위해 실시한다.

순서대로 설명해 보자.

사회의 편견을 줄이기 위한 학술 연구를 하려면 우선 현재의 편견 상황을 알아야 한다.

그리고 그 편견 상황을 안 상태에서 연구자는 방책, 대책을 모색하게 된다. 예를 들어, 흑인과 백인이 모두 하나의 인류, 하나의 그룹이라고 생각해 본다. 이 같은 사고방식은 편견의 굴레에서 벗어나 평등한 세상으로 나아가는 시발점이 된다.

중학생이나 고등학생에게 이러한 관점을 가르친 뒤에 한 번 더 IAT를 시행하면, 전체적으로 편견이 줄어든다는 사실을 알 수 있다.

다만 어떤 개입, 어떤 수업이 편견 감소에 도움이 되는지 과학적으로 검증하기 위해서는 수업 전(직전이 아니라 훨씬 전이라도 상관없다), 수업 후에 똑같이 측정을 해야 한다.

이렇게 IAT는 일정 개입 조건을 시험했을 때 집단의 전체적인 경향, 전체의 평균치에 편견 감소 효과가 나타나는지를 검증하는 데 필요한 도구다. 단, 각자의 편견 상황을 진단하는 도구로 이용하기에는 측정치의 오차가 크다.

그렇기는 하나 올바르게 측정할 수 있는 도구가 없으면 개입이나 교육 개선, 또는 직원 연수의 효과를 과학적으로 검증할 수 없고, 과학적으로 효과가 불명확한 방식에 연수 비용을 낭비해야 하는 등의 문제가 발생할 것이다.

IAT는 일정 시기, 일정 상황에서 집단이 어떤 모습을 나타내는지 파악하기에 충분한 도구이며, 실제로 그렇게 활용되고 있다.

그래서 이 검사를 거친 전 세계 수백만 명의 데이터가 미국 하버드 대학교의 서버에 수집되어 있다. 이 데이터는 사람들이 체형이나 연령 등 수많은 주제에 대해서 국가와 인종을 초월한 공통의 편견을 가지고 있음을 보여 준다.

제 4 장

편견을 낳는
마음의 메커니즘

▶ 모두가 경험한 '자기 평가 유지 모델'이란?

4장에서는 무의식적 편견이 생기는 원인과 심리학에서 지적하는 메커니즘을 다루어 본다.

사람은 사는 동안 무엇보다 자기 자신을 가장 중요하게 여기고 우선시한다. 일단 이를 '에고Ego'의 요소로 보자. 세상에는 자신을 희생해서라도 타인의 행복을 우선시하려는 애타적인 사람도 있겠지만, 자기 목숨을 내던지고서까지 생판 모르는 타인을 도우려는 사람은 지극히 적다.

사람은 생물로서 목숨을 부지하려는 쪽으로 동기가 부여되는 존재다. 그래서 자신이 상처 입지 않도록 경계하는 시스템을 갖추고 있다. 원래는 다치지 않도록 신체를 지키는 시스템만 있었으나 마음을 가지면서 '마음도 상하지 않게' 하겠다는 욕망까지 갖추게 되었다.

그 욕망 중 하나가 자아긍정감 또는 자존감Self-esteem이라고 불리는 것이다. 이런 것이 이른바 '에고'의 요소가 된다.

타인과의 상호작용은 즐거움을 안겨 주기도 하지만 상처도 준다. 자신이 남보다 뛰어나게 잘한다고 생각하는 일이 있었는데 자신보다 그 일을 훨씬 수월하게 해내는 사람을 보면 누구나 적잖은 충격을 받을 것이다.

이렇게 '자기 가치가 위협받는 느낌'을 미국의 사회심리학자 에이브러햄 테서는 '자기 평가 유지 모델Self-Evaluation Maintenance Model'로 이론화했다.

테서가 중요한 요소로 꼽은 것은 비교 상대가 그 일을 얼마나 잘 수행했는가?(타인의 수행 정도), 비교 상대와 얼마나 가까운 사이인가?(심리적 거리), 그리고 그 일이 자신에게 얼마나 중요한가?(과제의 관련성) 하는 점이다.

자신에게 중요하지 않으면 어떤 일이 일어나는지 예를 들어 보자. 내 목표는 프로 뮤지션이 아니다. 그래서 나는 친구의 프로 뮤지션 데뷔에 기뻐해 줄 수 있다. 친구의 CD가 잘 팔리면 자랑스럽고, 그러한 사실은 나에게 상처가 되지 않는다.

왜냐하면 나는 프로 뮤지션으로서의 성공을 내 인생의 목표로 여기지 않기 때문이다.

▶ 사람은 어떨 때 '상대를 두려워하게' 될까?

자기 인생을 걸 만큼 중요한 분야에서 세계 최고의 성과를 자랑하는 인물을 TV에서 보았다고 가정해 보자. 자신이 세계 최고에 가까운 수준이 아니라면 TV에서 본 그 인물은 자신과는 다른 차원의 인물이지, 실제로 나와 비교할 수 있는 수준의 인물로 느껴지지 않을 것이다.

이것이 바로 '심리적으로 얼마나 가까운가?' 하는 문제다. 심리적 거리가 멀 때는 상대의 성과가 아무리 대단해도 자신에게 결정적인 상처로 작용하지 않는다. 오히려 실력이 엇비슷한 지인이 경쟁자로 느껴지기 쉬운 법이다.

다시 말해 사람은 자신이 '중요하다'고 여기는 영역에서 '심리적으로 가까운 사람'에 비해 '수행 능력'이 떨어지거나 패배할 때 불안과 위협을 느낀다는 말이다. 이것도 에고의 문제다.

운동선수들은 형제나 자매가 같은 종목에서 활약할 때 심각한 갈등을 겪을 소지가 크다.

다만 일본은 연공서열이 있는 사회라서 해가 갈수록 경험치가 더해지면서 서서히 따라잡을 가능성이 있다. 이런 사회에서는 현시점에서 형이나 누나, 선배가 자신보다 수행 능력이 뛰어나더라도 나중에 자신이 그 나이가 되면 비슷하게 해낼 수 있으리라고 생각하면 불안하게 여길 필요가 없다.

그런데 반대로 동생이나 후배가 자신의 수행 능력을 뛰어넘는다면 어떨까? 이는 시간이 해결할 문제가 아니다. 어찌 보면 현재 시점에서 완패했다는 의미이므로 엄청난 스트레스가 느껴지고 고통으로 다가올 수 있다.

▶ 자아 존중 과잉의 악영향

자신보다 뛰어난 수행 능력을 보이는 인물을 보고 나서 자기 활동 영역을 아예 다른 분야로 옮기려는 사람도 있다. '과제의 관련성'을 줄이는 방식으로 대처하는 것이다.

수행 능력이 뛰어난 그 인물과 거리를 둘 수 있다면 멀찍이 떨어짐으로써 시야에서 멀어지고, 서로 어울리지 않으려는 것이다. 이것이 '심리적 거리 조절'이다. 물론 그 인물이 형제, 자매라면 어려울 수도 있다……

보통 자신이 연장자라면 먼저 그 길에 들어섰으니 경험이 쌓인 덕에 그 영역 또는 조직, 그룹, 직장 안에서 자기 지위가 확보되어 있다.

그런데도 나중에 뛰어난 인물이 들어오면 선점한 자기 지위를 빼앗길까 봐 겁을 먹고 신입을 괴롭히는 사람이 있다. 선수를 쳐야 이긴다고 여기는 것인지 기습적으로 말이다.

둘러보면, 중학교 운동 동아리만 봐도 뛰어난 후배가 있으면 자기 자리를 빼앗길지도 모른다는 불안감에 시달리는 선배가 있다. 사람의 심리란, 나이와 상관없이 관대한 감정을 베풀기가 쉽지 않은 것 같다.

하지만 조금만 크게 생각해 보자. 조직 구성원 각자가 이러한 두려움에 휩싸여 자신보다 우수하지 못한 자만을 호의적으로 대하며, 우수한 자를 걷어내고, 그에게 심술부리고, 발목을 잡는다면, 조직 전체의 수행 능력은 발전하지 못하고 오히려 해마다 하락할 것이다. 이런 것이 축소 재생산이 아니고 무엇이겠는가?

조직 전체가 활성화되고 이익이 늘어나면 자기 급여도 오르겠지만, 우수한 자를 배제하면 조직이 도산할 수도 있다.

그리되면 본전도 못 찾는다. 닫힌 마음으로 자존심과 제 밥그릇만 지키려 하다가는 결국 모두가 손해를 보게 된다.

그런데도 조직 내에서는 밥그릇 쟁탈전이 일상적으로 일어난다. 여성이 경쟁에 뛰어들 때도 비슷한 일이 발생한다. 기업이 여성 채용에 활발하게 나서면 남성 채용이 줄어들어 사내 남성의 위상이 점차 떨어질 수도 있다.

하지만 실제로는 오랜 남성 우위 사회가 그리 쉽게 무너질 리는 없다. 이는 작금의 일본 기업만 봐도 분명한 사실이다.

그런데도 다수자들은 불안해한다. 말하자면 '과잉방어'다.

아저씨들은 자기주장이 강한 튀는 여성을 만나면 뭐라도 싫은 소리를 해주고 싶어 한다. 그런 상황은 뉴스에 보도되는 사건, 사고의 발단이 된다.

능력이 뛰어난 여성을 볼 때, 자신도 모르는 사이에 짜증이 나거나 불안감이 느껴진다면 세상을 너무 '남성', '여성'이라는 범주로 구분해서 바라보기 때문이다.

사실 그런 구별은 별 의미가 없다. 기업 전체의 실적이나 집단의 수행 능력을 생각하면, '어떻게 협력할 것인가?' 하는 점이 중요한 과업이며, 그 과업을 이루어내는 데 여성이 기여하는지 남성이 기여하는지는 중요하지 않다.

자신의 지위에 대해 과도하게 불안을 느끼는 것도 문제다. 오히려 그 기반이 흔들릴 위험성을 인지해야 한다.

자기 자신에 대한 확고한 자신감을 가지고, 질투하지 말며, 남의 발목을 잡지 말고, 당당한 모습을 보여야 타인으로부터 평가받는 사람이 될 수 있다.

▶ 편견에는 스트레스 해소 작용도 있다

편견은 자기 밥그릇을 빼앗길 수도 있다는 두려움도 불러일으키지만, 역사를 되짚어보면 편견에는 스트레스 해소 작용이 있었다는 사실도 발견할 수 있다.

인간에게는 선천적으로 자신을 타인과 비교하려는 성질이 있다. 그래서 우리는 잘난 사람, 행운이 따르는 사람을 보면 질투할 뿐 아니라, 불우하거나 자신보다 '못하다'고 느껴지는 사람을 보고 위안을 받는, 무거운 죄에서 벗어날 길이 없는 것 같다.

에도 시대에도 과도한 공물 부담에 짓눌려 있던 농민들이 자신보다 아래 계층을 공격함으로써 자신들의 처지가 상대적으로 낫다는 기분을 맛보곤 했다.

요즘도 외상 후 스트레스 장애PTSD* 환자는 자신보다 더 힘든 상황에 있는 사람(가족을 여럿 잃은 사람 등)을 떠올리며 기운을 차리기도 한다.

이 경우는 다른 사람을 업신여기려는 것도 아니고 그렇게 함으로써 특별히 기분을 좋게 하려는 것도 아니다. 악의는 조금도 없다. 그렇게 하지 않으면 당장 자신을 제대로 보호할 수 없고, '나는 그나마 운이 좋다. 더 큰 불행을 당한 사람이 있다'고 생각해야 하루하루 살아갈 힘을 얻을 수 있기에 필연적으로 그리하는 것이다. 심리학 이론에서도 이는 '재기 과정 중의 하나'로 인정된다.

이처럼 자신보다 큰 고난을 겪은 사람, 자기 아래로 보이는 사람과 자신이 놓인 상태를 비교하는 것을 '하향 비교Downward Comparison'라고 부른다.

---

* 재해 등의 트라우마를 경험한 뒤에 그 상황이 집요하게 반복적으로 떠오르거나, 일정 시간이 지난 뒤에 허탈감이나 무력감을 느끼며 우울증에 빠지는 등의 심적 상해 상태.-옮긴이

▶ 거들먹거리기만 하는 사람의 심리는?

그런데 이 하향 비교가 잘못된 방식으로 나타날 수도 있다.

이를테면 일하는 요령이 부족한 사람을 업신여기고 비난함으로써 자신이 잘났다고 착각하는 행위가 이에 속한다. 상대방이 못 하는 일을 콕 집어 비난하는 것도 그렇게 해야 상대적으로 자신이 잘나고 훌륭하다는 생각이 들기 때문이다.

그래서 남의 결점을 들먹이는 사람의 상당수는 사실 자기 자신에 대한 자신감이 결핍된 경우가 많다. 자신과 타인의 결점을 비교함으로써 자신이 낫다고 생각하고 싶은 것이다. 최악의 경우, 실제보다 남을 깎아내리기 위해 남의 발목을 잡거나 사람들 앞에서 창피 주기도 서슴지 않는다.

요즘 일본의 유행어 중에는 '마운팅'이라는 말이 있다. 이는 평소에 남과의 우열에 과도하게 신경 쓰는 사람이 자신이 남보다 우월하다고 뻐기고 싶은 나머지, 상대의 결점은 확대하고 자신의 장점은 과시하는 현상을 일컫는 말이다.

가장 자신 있는 분야를 끌고 와 자기 수준에 미치지 못하는 타인은 바보 취급하는 수법을 쓰면서 잘난 기분을 만끽하는 것이다.

이렇게 타인을 깔보는 경향을 주부대학의 하야미즈 도시히코 교수는 '가상적 유능감'이라고 부른다. 우리가 수행한 실험에서도 가상적 유능감이 높은 사람은 불행에 빠진 사람을 보고 기뻐하는 경향이 강하다는 사실이 확인되었다.

가상적 유능감은 진짜 자신감이 불안정할 때 나타나는 근거가 빈약한 자신감이다. 따라서 마운팅은 빈약한 자신감을 방어하는 방법이라고 볼 수 있다.

▶ 잘난 사람들은 왜 고압적으로 행동할까?

지위가 높은 사람이 하는 말에는 따르는 사람이 많다. 조직에서는 권력과 권한이 있는 사람의 말을 듣지 않으면 좌천당하거나 창가 자리로 내몰리거나 상황이 나쁠 때는 해고당하기까지 한다.

사람이 힘을 가지면 타인을 다양한 형태로 괴롭히기 쉬운 법이다. 남의 위에 서면 주위 사람을 관리하고 움직이게 해야 하는데, 그들이 뜻한 대로 움직이지 않으면 자신이 곤란해질 수도 있다는 것이 그 이유다. 그런데 모든 사람이 꼭 기대대로 움직여 주지는 않는다.

그러면 어떻게 해서든 상대를 움직이려고 방법을 생각해 내기 마련이다. 사회심리학은 이럴 때 사람들이 일반적으로 취할 수 있는 방책으로 설명하고 설득하기, 고압적으로 꾸짖기, 눈물로 애원하기 같은 레퍼토리를 지적한다.

그런데 윗사람이라면 자부심이 있으니 부하에게 눈물을 흘리며 애원할 수는 없다. 따라서 차분하게 타이르느냐, 화를 내느냐 둘 중 하나를 고를 것이다.

일단 화를 내면 부하는 말을 들으려 한다. 화를 낸다고 비판하는 사람도 많지는 않다. 지위가 있으면 무슨 짓을 해도 주위의 반대가 적기에 자신도 모르는 사이에 독선적으로 흐르기 쉽다. 그 결과 직장 내 괴롭힘, 갑질이 늘게 된다.

또 50, 60대가 되면 기억력이 떨어진다. 하고 싶은 말, 쓰고 싶은 단어가 생각나지 않아 '그것', '저것'이라고 지칭하는 일도 부쩍 늘어난다.

시작은 차분하게 타이르다가도 말이 잘 나오지 않다 보면 점차 답답해져서 '이렇게 고생하며 말해야 하는 것도 다 이 녀석이 잘못을 저지른 탓이다'라고 상대를 원망하게 된다.

그러면 부하직원이 약간만 변명해도 억누르고 있던 짜증이

터져 나와 지나친 질책으로 이어지고 만다. 빈약한 표현력은 강한 분노를 담은 욕설로 표출되며, 그 결과 또 괴롭힘이 발생한다.

지위가 높아질수록 쓴소리를 해주는 사람이 적어진다. 주위에서 특별히 반대하지 않으면 누구나 지지받는 것으로 착각할 수 있으며, 평소에도 무심코 위압적인 태도를 취할 수 있다.

이른바 잘난 사람일수록 자신이 주위의 빈축을 사고 있지 않은지, 그들의 마음속에 이미 가까이하기 싫은 인물로 찍혀 있지 않은지 되돌아볼 필요가 있다.

▶ 제힘으로는 자아긍정감을 높이기 어려운 사람들

사람은 자신이 속한 집단을 소중하게 여기는 경향이 있다. 자신이 속한 집단을 내집단In-group, 속하지 않은 다른 집단을 외집단Out-group이라 하는데, 사람들은 이 둘을 확연히 구분한다.

내집단에 관한 감정은 사람마다 달라서 집단에 친숙하지 않은 느낌, 반감을 느끼는 사람도 있을 수 있다.

하지만 대부분은 자신이 선택해서 소속된 집단이나 오랫동안 소속되어 온 집단에 대해서는 자부심을 느끼고 싶어 한다.

고교야구 대회를 보면서 자기 고향 학교를 응원하는 것도 그 때문이다. 그 학교가 우승이라도 하면 덩달아 자부심을 느낀다. 그래서 일본에서는 새해 첫날 열리는 역전 마라톤 대회를 보면서 자신이 졸업한 대학에서 출전한 선수를 응원하는 사람이 많다.

이처럼 집단과 자신의 거리를 정하는 관점을 '집단 동일시'라고 한다. 자신이 내집단을 좋아하고 그 집단에 소속되어 있다는 사실에 만족감을 느낄수록 집단과 자신을 같다고 보는, 즉 동일시하는 심리는 커진다.

만년 꼴찌 야구팀을 응원하는 팬들을 떠올려 보자. 우승한다는 보장도 없고 전력이 강하지도 않은데도 열성적으로 응원하는 팬들에게는 강한 애착심이 있다. 이 애착심은 만족감을 뛰어넘은 '무조건적 사랑'에 해당하는 동일시의 심리다.

우리는 이처럼 고향, 출신 학교, 동아리, 동호회, 회사, 팬 등 다양한 형태의 집단에 소속되어 있다. 회원증 따위가 없는 경우까지 포함해 이 같은 집단에 속해 있는 사람들을 '집단 구성원'이라고 부른다.

우리는 동시에 많은 집단의 구성원으로 살아간다. 어느 집단이 중요한지는 그때그때 상황에 따라 숨어 있던 요소가 전면으로 부상하면서 정해진다. 예를 들어, 평소에 별로 의식하지 않던 대학 동아리는 동창회를 하게 되면 갑자기 기억의 맨 앞줄에 자리 잡게 된다.

이를 '활성화Activation'라고 부른다. 대학 동아리의 추억이 '활동적인' 상태가 되는 것이다.

집단에 대한 동일시가 강하면 강할수록 집단의 승리와 우월함을 자기 일처럼 기뻐한다. 해외 연구에 따르면 미식축구 경기에서 자신이 졸업한 대학팀이 이긴 다음 날 전화 인터뷰를 하면 그 팀을 We(우리)라는 표현으로 부르는 사례가 늘어난다는 사실이 확인되었다.

일본에서는 자신의 뛰어난 점을 내세우면 '잘난 척한다', '거만하다', '겸손하지 못하다' 등 좋지 않게 볼 거라는 우려가 있어서 자신을 내세우려 들지 않는 경향이 있다.

그러나 자신이 속한 집단에 관해서는 일단 한 단계 걸러지기 때문에 내집단을 칭찬하거나 내집단의 장점을 말하더라도 거부감이 적다.

그리고 내집단이 '좋은 집단'이라면 필연적으로 '그 구성원인 나도 좋은 사람'이 된다. 이는 매우 편리한 자아긍정감 향상 수단이다. 달리 좋은 수단이 없다면 일단 '우리나라가 최고다!'라고 생각해 두면 자아긍정감을 회복하는 데 도움이 될 것이다.

일본 문화와 시스템을 칭찬하며 소개하는 TV 프로그램이 일정 수요를 확보할 수 있는 이유는, 자아긍정감을 높일 수 있는 방법을 찾지 못한 사람이 늘고 있다는 증거이기도 하다. 자아긍정감을 스스로 높이기 어려운 사람이 많은 것이다.

▶ '여성은 감정적'이라는 말이 생긴 이유

내집단을 한껏 추켜올리고 싶어도 세상의 경쟁이 늘 손쉽게 이길 수 있는 것은 아니다. '내가 속한 집단이 최고'라는 구체적인 단서를 찾을 수 없을 때, 사람들은 어떻게 할까?

내집단의 가치, 나아가 자신의 가치를 상대적으로 높이기 위해 다른 집단을 깎아내리는 방법도 있다. 좋지 않은 방법이기는 하지만, 사람은 종종 자신도 모르게 그런 손쉬운 수법에 손을 대고 만다.

심리학에는 '집단 간 관계'라는 연구 분야가 있는데, 내집단을 중시하고 편애함으로써 외집단이 손해를 보는 경우를 살피는 것이다. 이때 한정된 자산과 자원을 둘러싸고 다툼이 일어나면 '내집단의 승리가 곧 외집단의 패배'가 되는데, 이것이 가장 분명하게 드러나는 사례가 국가 간 전쟁이다.

전쟁이 일어나면 '적'에 대한 승리를 고무하기 위해, 그리고 그 싸움을 정당화하기 위해, 적국을 마치 사람이 아닌 것처럼 표현하는 사례를 흔히 볼 수 있다. 제2차 세계대전 중에 일본에서는 '귀축미영鬼畜美英(미국과 영국은 마귀와 짐승이라는 뜻)'이라는 표현을 썼다. 이 같은 표현을 씀으로써 상대를 사람으로 생각하지 않는 방법을 '비인간화Dehumanization'라고 한다.

7장에서 다루는 '도덕'과도 관련이 있는데, 비인간화 현상을 널리 연구하다 보면 주변에서 그리 심각한 인간성 부정이 아닌, 가벼운 사안도 자주 보게 된다.

서양에서는 '이성'을 중시한다. 서양의 '비인간화' 연구, 반대로 '무엇을 보고 사람이라 하는가?'라는 연구를 찾아보면, '이성을 가진 존재가 인간이다'라는 하나의 대답을 얻을 수 있다. 이는 기독교와 이후 계몽주의의 영향이 크다.

남성우월주의 시대에 여성과 어린이는 '완전한' 인간으로 여겨지지 않았다. 요즘도 가끔 볼 수 있는 고정 관념 중에 여자는 감정적이라는 표현이 있는데, 옛날에는 이에 대한 믿음이 지금보다 훨씬 강했다. '여성과 아이는 이성이 부족하다'라는 관점에서 완전한 능력을 갖추고 있지 않다고 생각했던 것이다.

2장에서 최근 연구에서는 '남성의 뇌', '여성의 뇌'라는 사고 방식이 과학적으로 근거가 없다고 밝혀졌다는 사실을 다루었다. 이 사실을 모르고 아직도 남성의 뇌, 여성의 뇌가 따로 있다고 생각하는 사람도 많다.

예전에는 '여성은 감정적이며 이성적이지 않다'라는 고정 관념에 따라 이성의 지혜를 모아야 하는 '정치' 세계에 여성의 참여는 불필요하다고 여겼고, 그래서 남성에게만 참정권을 허락했다. 20세기는 그 같은 권리 박탈 상태로부터 여러 집단 사람들이 권리를 되찾은 시기다.

이런 경위가 있었기 때문에 한때는 남성이 여성과 어린아이를 이끌어주어야 한다는 견해가 강했다.

남성은 여성과 어린아이를 지도해야 한다는 생각을 '가부장주의Paternalism'라고 부른다. 5장에서 자세히 설명하는 '온정적 성차별'에서도 이 가부장주의를 엿볼 수 있다.

가부장주의하에서는 남성이 결정권을 가지고, 그 결정에 아내와 아이들은 따라야 했다. 오죽하면 'man'이라는 단어가 '일반적인 사람'이라는 뜻을 가지게 되었을까? 이런 것은 다 남성만이 '본래 이성을 가진 인간'이라고 편협하게 생각했기 때문이다.

그리고 여성을 '여자와 아이'라는 범주에 가두어 놓았기에 지금도 일본에서는 직장 등에서 여성 직원 이름 뒤에 어린아이 이름에나 붙이는 'ちゃん(짱)'이라는 단어를 붙여 부르는 광경을 볼 수 있다. 굳이 '여대생', '여직원'이라고 '여성'임을 표시하는 말을 넣는 것도 편견의 잔재로 볼 수 있다.

한편 여성들도 자신들의 모임을 '여성회' 등으로 짓는다. 이는 스스로 편견에서 벗어나지 못하고 편협한 사고에 갇혀 있다는 증거다.

회사 등 공적인 업무 현장에서 여성의 이름 아래에 애칭처럼 'ちゃん(짱)'을 붙여 부르는 현상은 어찌 보면 그 여성이 하찮게 여겨지는, 완전한 한 사람의 성인으로 인정받지 못하고 있다는 암시이기도 하다.

남성 직원도 그렇게 불릴 때가 있다. 아무리 좋게 보려 해도 성격이 좋고 친근해서 그렇게 불리는 것이 아니라 누가 봐도 우습게 보여서다.

부하직원으로부터 '○○쨩'으로 불리는 상사도 있을 텐데, 연예계나 관련 업계 종사자가 아니라면 상당히 개성 넘치는 상사가 틀림없다.

여하튼 그 누구든 여성 직원을 '○○쨩'이라고 부르려 든다면 그것은 확실히 문제다.

▶ '호칭'에서 드러나는 편견

앞에서 하던 이야기를 이어가 보자. 일본에서는 어린 시절부터 여성이 남성보다 '○○쨩'으로 불리는 일이 많다.

어떤 의미에서는 여성이 '어리고 미숙하게 보여야' 사람들이 좋아한다는 것을 단편적으로 드러내는 증거라고 볼 수 있다. 〈보도 스테이션〉의 홍보 영상에 등장한 것처럼 '한창 배우고 있는 무지한 여성'을 강조해야 남성과 대화를 잘 할 수 있다고 가르쳐주는 웹사이트도 찾아볼 수 있다. '귀엽다'라는 의미는 '미숙하다', '어리다'라는 개념과 연결되는 측면이 있다.

이왕이면 남성들도 학교에서 선후배 따지지 말고 연장자에게도 '○○짱'이라고 미국처럼 성으로 부르면, 상급생의 동아리 내 갑질이 조금은 줄어들지 모른다.

상대방을 부르는 방식은 인간관계의 상징이라 그 호칭을 보면 상하 관계를 알 수 있다. 미국에서 'Mr. Smith'라고 부를 관계가 일본 회사에서는 '부장님', '과장님'처럼 이름은 생략된 채 직급으로 불리는 경우가 많다.

이는 일본의 문화적 전통이라고도 할 수 있으므로 바꾸기 어려울지도 모른다. 7세기 후반, 현재 규슈 지방에 존재한 국가 지쿠젠쿠니의 지방관도 이름이 아니라 지구젠카미라는 직책으로 불렸다.

예외적으로 신화나 문학에서는 이름을 조종하면 그 사람까지도 조종할 수 있다는 마술적 사고를 엿볼 수 있다. 스튜디오 지브리의 〈센과 치히로의 행방불명〉에는 '치히로'라는 본명을 빼앗기고 '센'으로 불리는 동안 명령을 어기지 못하고 계속 혹사당하는 장면이 나온다. 그런데 이는 '이름'이 그 인물의 본질이기 때문에 이렇게 허용된 것이다.

무사의 세계에서도 본명인 휘諱를 권한 없는 타인이 부를 일은 거의 없었다. 보통은 자字를 불렀다. 그러니까 무사를 부르는 통칭은 본명인 '휘'가 아니라 '자'였던 것이다. 현대 일본에서 다나카 부장을 '다나카 씨'라고 부르면 너무 허물없게 느껴지는 데는 이런 역사적인 배경이 있다. 무사의 본명인 휘를 부를 수 있는 사람은 아버지나 어머니, 그리고 오래전부터 주군이었던 사람뿐이었으니 말이다.

그러나 이런 전통에 따라 직함으로 '부장님', '과장님'이라고 부르면 늘 본인은 자신이 권한을 가진 높은 사람이라고 암묵적으로 느끼게 되고, 주변 사람은 그의 뜻에 따라야 한다는 '윗사람 존중' 문화에서 벗어날 수 없게 된다.

이는 기업의 생산성에도 영향이 미친다. 나이 문제와 함께 호칭 문제는 해결하기 어려운 문제로 꼽히지만, 요즘 벤처기업 등 새롭고 젊은 기업에서는 처음부터 전원이 평등하게 '○○씨'라고 부르기로 약속하는 문화도 볼 수 있다.

한편 남성에게 '○○군'이라고 부르면 LGBTQ 문제가 불거질 수 있다.

성인은 '○○씨'로 통일하는 것이 무난하다. 윗사람이 남성 부하직원을 '○○군'이라고 부르면 요즘 사람들은 거만하다는 인상마저 받는다고 한다.

교육 현장에서는 이미 출석을 부를 때, 남녀 구분 없이 일률적으로 '○○씨'라고 부르게 되어 있다. 이러한 시대의 변화에 대해 나이 든 남성들은 '사사건건 귀찮게 되었다'고 불편해하는 사람도 있는 것 같다.

그러나 이제껏 남의 권리를 존중하지 않고 침해하는 행위가 지나치게 자유로웠던 것뿐이다. 문명이 발달할수록 부적절한 횡포는 진정한 자유와 구별해야 한다는 인식이 퍼지는 법이므로, 주의를 환기하고 반성을 촉구하는 것이 당연지사다.

난폭한 시절로 돌아가고 싶은 사람은 오로지 가해자뿐이다. 다수의 피해자는 오랫동안 가해자로 인해 제대로 사람 취급도 받지 못하고 낮은 지위에 만족해야 했다.

피해자의 처지에서는 '이제 그만하라!'라고 요구하고 싶을 것이다.

▶ 사고와 감정을 치우치게 만드는 '디폴트 효과'

앤서니 G. 그린월드는 저서 『마인드 버그』에서 흥미로운 사례를 소개했다.

"복권에 당첨되었다는 알림 전화를 받는 사람이 당신 앞에 있다고 상상해 보세요"라는 요구를 받았을 때, 특히 미국 백인들은 '전화 받는 사람이 백인 성인 남자'라고 상상하기 쉽다는 것이다.

복권 당첨을 알리는 전화를 아이나 라틴계 여성이 받을 확률도 충분히 있지만, 미국 백인들은 그런 상상을 하지 않았다.

'디폴트Default'는 이래서 무섭다. 필자는 지금 마이크로소프트의 워드로 이 글을 쓰는데 글꼴(폰트)에 여러 종류가 있다. 일본어 기준으로 특별히 설정하지 않는 한 'MS워드 2013'까지는 'MS Mincho'였다.

그런데 MS워드 2016부터는 Yu Mincho로 되어 있다. 이렇게 '따로 설정하지 않는 이상 기본값으로 선택되는 것'이 바로 디폴트다.

편리한 기능이기는 하다. 만약 워드를 열 때마다 '어느 폰트를 사용하시겠습니까?', '글자 크기는 어떻게 하시겠습니까?', '한 줄에 몇 글자를 넣겠습니까?'라고 일일이 물어본다면 지극히 귀찮을 것이다. 그래서 '아무것도 선택하지 않아도' 되게끔 일단 '하나'의 선택지를 준비해 둔 것이다.

사람의 상상력도 그렇다. '개'라고 하면 중형 크기의 개를

'디폴트'로 상상하는 경우가 많다. 일본 사람은 치와와나 토이 푸들을 떠올리기보다는 시바견 정도 크기에 집 밖에서 키우는 개를 상상하기 쉽다. 이것 또한 디폴트다.

앤서니 G. 그린월드가 든 사례는 북미 사회에서 '특별한 언급이 없으면 사람은 백인 남성을 지칭'한다는 현실을 여실히 보여준다. 앞서 나왔던 외과의와 그 아들 이야기(80페이지 참조)에서도 이와 다를 바 없는 사고방식이 발동하지 않았는가?

이러한 디폴트는 무의식적 편견이다. 따라서 이 같은 편견을 가진 사람이 제도를 설계하고 직업 등의 활동 표준을 만들면 누군가는 불편을 느낄 수밖에 없다.

최근 생리휴가나 생리 주기 변경에 관한 논의가 늘고 있다. 이 문제는 사실 남성 중심의 기업구조 속에서 기존에는 좀처럼 주목받지 못했다.

학교나 시설 설계도 마찬가지다. 남성보다 여성이 화장실 사용 시간이 긴데, 여성용 화장실 수가 남성용 화장실의 5배, 10배 많이 만드는 합리적인 설계를 필자는 여태 본 적이 없다.

그렇다 보니 학교의 쉬는 시간이나 중요한 입시, 관광버스 휴게소 등 곳곳에서 여자 화장실은 장사진을 이루고, 제때 도

착하지 못하는 사람이 생겨나는 것이 현실이다. 설계 자체가
부실한 탓이다.

▶ 당신이 '편리하다고 여기는' 것은 정말 편리한 걸까?

과거 이러한 디폴트만을 인정한 결과, 장애인이 다양한 불편
을 감수해야 하는 시절이 있었다. 그래서 지금은 그에 대한
반성으로 계단을 이용하지 않아도 이동할 수 있는 경사로와
휠체어도 충분히 들어갈 수 있는 엘리베이터가 설치되고 있
다. 시각장애인을 위한 점자블록, 소리 나는 신호등, 전철 플랫
폼의 스크린 도어 설치도 늘고 있다.

대학 등 필자 주변에서 볼 수 있는 디폴트 관련 무의식적 편
견의 예로는 '이미 설명한 과제에 관해 다시 묻는 학생을 꾸
짖는 교수'가 있다.

수업 중에 과제에 관해 자세히 설명했다고 생각했는데, 처음
부터 다시 묻는 학생이 있으면 '방금 설명했는데 왜 제대로
듣지 않았느냐?'라고 교수가 화를 낸다는 것이다.

하지만 요즘 대학에는 발달 장애가 있는 학생도 들어온다.
필자가 보기에는 예전보다 인원수가 늘어난 것 같다. 발달 장

애, 예를 들어 ADHD(주의력결핍 과잉행동장애) 환자는 구두 설명을 한 번 만에 이해하고 기억하기 어렵다.

언어를 이해하려면 주의를 통제하고 집중해야 하는데 ADHD 환자는 이에 어려움을 느낀다. 따라서 정보를 머릿속에서 통합하고 정리하는 활동이 쉽지 않다.

교수가 이에 관한 지식이 없으면 '학생이 수업에 집중하지 않고, 자세가 나태해서 교수가 하는 말을 듣지 않았다'라고 단정하기 쉽다.

초등 교육 과정처럼 숙제가 있거나 보호자에게 보여 주어야 하는 유인물이나 전달 사항이 있을 때는, 학생이 그 같은 정보를 계속 유지하다가 적절한 때에 전달하고 행동하는 일상 속 제어가 어려울 수도 있다.

그러나 교사가 지도 요령을 제대로 알고 있으면 '구두 지시만으로 끝내지 않기', '반드시 정해진 연락장에 써서 매일 보호자가 확인하도록 습관화하기' 등의 방법을 쓸 수 있다. 그리하여 '오늘은 중요한 ○○에 관한 유인물을 배포했습니다'라는 내용을 알림장에 쓰기만 해도 나중에 책가방 밑바닥에서 시일이 지난 구겨진 유인물이 발견되는 비극을 막을 수 있다.

그렇게 해도 잊고 챙겨오지 못하는 물건이 있을 수 있다. 요즘도 SNS를 보면 "우리 반 선생님은 준비물을 챙겨오지 못했다고 무섭게 꾸짖는데, 옆 반 선생님은 '이웃집 친구에게 가르쳐달라고 부탁하렴. 그리고 나중에 고맙다고 인사하고'라고 친절하게 알려주신다"라는 ADHD 환아 학부모의 글이 눈에 띈다. 지도교사의 대응이 이토록 다를 수 있는 것이다.

아이는 호되게 야단맞고 나면 위축되어 학교에 가기 싫어할 수도 있고, 과도하게 예민해져 몇 번이고 확인 작업을 하기도 한다. 이런 아이 행동은 보기에도 애처롭다. ADHD 환아의 증상은 개인차가 크다. 따라서 적절한 지도 방법만 알아도 교육 현장에서 일어나는 환아에 대한 정신적 학대를 많이 줄일 수 있을 것이다.

이처럼 교원은 근무 현장이 초등학교든 대학교든 간에 발달 장애에 대한 기본 지식을 배워두어야 한다. 일반 시스템은 발달 장애가 없는 사람에게 편한 방식으로 운영되는 경우가 많으므로 조정이 필요한 것이다.

이 밖에도 최근 들어 세상에 널리 알려진 사례 중 하나로 유니버설 디자인*을 토대로 만들어진 발표 자료가 있다.

요즘은 파워포인트 같은 도구를 이용해 온갖 화려한 색상으로 도표를 만들어 프레젠테이션하는 일이 많다. 그러나 다채로운 색상을 이용한 덕에 보기 쉽다고 생각할지 모르나, 색각 이상이 있는 사람에게는 그렇지 않을 수 있다. 일본의 경우, 적색과 녹색에 대한 변별 감도가 약한 인구가 약 290만 명에 이른다. 이들은 오렌지색과 갈색을 섞어 놓으면 녹색과 구별해 내는 데 어려움을 겪는다. 인터넷에는 그래프 색상에 어떤 색을 쓰면 이들이 인식, 변별하기 쉬운지 안내하는 사이트도 있다.**

또 현지 상황에 익숙하지 않은 외국인 자녀나 외국인 직원이 늘고 있는 가운데, 중요한 지시나 설명에 관해서는 종이에 쓴 문서도 준비한다거나 천천히 분명한 발음으로 전달하는 것도 중요할 것이다.

모두가 빠른 현지 언어를 단번에 알아들을 수는 없으므로 이러한 배려는 현지 사람에게도 정확하게 전달한다는 의미에

---

* 제품, 시설, 서비스 등을 이용하는 사람이 성별, 나이, 장애, 언어 등으로 인해 제약을 받지 않도록 설계하는 것을 말한다.-옮긴이

** https://tsutawarudesign.com/universal1.html

서 도움이 될 것이다.

이처럼 사람들의 다양한 개성을 파악한 뒤, 그들이 살기 좋은 설비와 사회 시스템을 만들면 결국 사회 구성원 모두에게 편리함과 도움을 줄 수 있다.

장애인 경사로는 장애인뿐 아니라 고령자, 임신부, 유모차를 끌고 다니는 사람을 비롯해 여행용 캐리어를 끄는 사람, 아픈 사람, 지친 사람 등 여러 상황에 처한 사람들에게 도움이 된다. 이동의 선택지를 늘리는 일은 사회를 풍요롭고 살기 좋게 만드는 길이 될 수 있다.

이 책을 읽는 독자 여러분도 '글자 크기가 딱 좋네' 또는 '글자가 조금만 더 컸으면 좋았을 텐데' 등 각자 느끼는 바가 다를 것이다. 나이 등의 요인에 따라 각자가 느끼는 편리함이 다를 수 있음을 인식하는 것이 중요하다.

▶ 자신의 편견에 감정이 조종될 수도 있다

앞에서 '자아긍정감', '비인간화', '디폴트'를 다루었는데 그 안에도 감정적 요소가 포함되어 있다.

무의식적 편견이란, 악의나 자각 없이도 잘못된 추론이나 판단을 내리는 사고 속에 내재된 편견이다. 감정적인 왜곡이 없어도 생긴다는 말이다.

따라서 상대에게 특별한 적대감이 없어도 편견이 생긴다는 점에서 '방심은 금물'이다. 그런데 '비인간화'에 바탕을 둔 싸움처럼 감정적 요소가 더해지면 상황이 더 나빠질 수 있다.

원래 감정이라는 것은 판단의 방향을 유도하기도 한다. 싫어하는 사람은 부정적으로 대하기 쉽고 결점이 눈에 띄기 쉬우며, 좋아하는 사람은 미운 짓을 해도 예쁘게 보이는 법이다.

앞에서는 편견으로 인해 타인에게 피해를 주는 경우를 주로 언급했는데, 이번에는 자신이 가진 편견 때문에 자기 자신이 피해를 보는 사례를 살펴보려 한다.

예를 들어, 보이스 피싱 송금 사기 등은 '상대의 말은 사실'이라는 편견 섞인 인식 때문에 상대가 시키는 대로 하다가 걸려드는 경우다. 그렇게 속아 넘어갈 때도 감정은 큰 역할을 하는데, 두려움이나 초조함을 느끼면 냉정한 판단을 해치게 된다.

속이는 쪽은 바로 그런 심리를 충분히 파악하고 있기 때문에 처음부터 '당신 남편이 치한 짓을 하다가 잡혔다'라거나 '아드님이 교통사고를 냈다' 등 감정적으로 겁이 덜컥 나는 이야기를 던지는 것이다. 이렇게 '겁이 나게' 만드는 것을 '자극 수준을 올린다'라고 한다.

또 사람들은 전화를 걸자마자 '○○경찰섭니다'라고 밝히면 일단은 이야기를 들어준다. 듣지도 않고 끊는 사람이 적다는 것이 바로 상식적인 편견이다. 보통 사람은 전화 통화를 할 때 상대방의 최초 발언을 신뢰하고 대화하는 것이 '디폴트적 대응'이다.

그래서 보이스 피싱 사례를 사후에 전해 들은 제삼자는 결과론적으로 '왜 믿었느냐?'라고 이상하게 여기지만, 사기를 당한 피해자는 최초에 '신뢰'로 시작해서 상대의 페이스에 말려들기 때문에 신기한 일, 기묘한 일, 수상한 일까지도 서서히 믿어주게 되는 것이다.

그럴 때 자극 수준을 올리면, 거기에 주의를 빼앗기기 때문에 냉정한 판단이나 계산을 하기 어려워진다. 감정이 강한 자극을 받아 뇌 활동 에너지를 빼앗기는 순간을 '감정 스위치에 불이 들어온다'라고 표현해 보자.

앞서 자아긍정감이나 자기 위상이 위협받는다고 느낄 때 아랫사람에게 압력을 행사하기 쉽다고 지적했는데 현실을 보면

한 사람이 다른 한 사람에게 일방적으로 위협을 가하지는 않는다.

다시 말해 실제로는 서로 이야기를 나누거나 무언가를 함께하는 상호작용의 시간이 있다는 것이다. 갑질의 경우, 기본적으로는 갑질을 하는 쪽이 나쁘지만, 별개의 요인이 '방아쇠'를 당기는 경우도 있다.

회의에서 여성의 발언을 깔보는 듯한 태도를 조금씩 보이던 상사와 임직원에게 만약 '여성이 의견을 말하면 안 되나요?'라고 대놓고 물으면 속 좁은 상사는 그것만 가지고도 폭발할 수 있다.

모리 전 총리가 좋아하는 '분별 있는 여성'이 아니라 적극적이고 과감하게 발언하는 여성이라는 인상을 주면 그게 마음에 들지 않아 반발할 가능성도 있다. 그래서 현재 일본에서는 목소리를 높이지 않는 '분별 있는 여성'이 많이 존재하는 것인지도 모른다.

화와 공격적 압력으로 입을 다물게 하고 '주제를 파악하게 하는' 것이다. 하지만 차츰 이런 것들은 SNS에라도 올라오면 보기 좋은 비난의 표적이 되고, 그 기업은 여론의 지지를 잃을 위험이 있다.

바야흐로 정의를 위해서 뿐만 아니라 기업의 기본적인 위기 관리라는 관점에서도 편견과 차별은 없애야 한다. 비즈니스를 하는 사람이라면 명심해야 할 것이다.

▶ 이성적으로 심사숙고하면 '편견의 위험'에서 벗어날 수 있다?

감정이 폭발하면 욱한 나머지, 하지 말아야 할 일을 저지를 때가 있다. 감정으로 시작된 행동은 재빨리 그만두거나 처음 부터 하지 않는 편이 나은데, 이미 시작된 행동은 실패로 끝 나는 경우가 많다.

사람의 사고방식을 '정보처리'에 비유하면 '빠른 처리'와 '느린 처리' 두 가지가 있다고 한다(다음 페이지 표 8 참조).

감정적인 사고는 빠른 처리에 해당하는데 이에 비해 이성적 인 심사숙고는 느린 처리에 해당한다. 좀 더 생각한 뒤에 결론 을 내는 것이다.

이 책에서 다루는 무의식적 편견은 무자각, 무의식이다. 엄 밀하게 말하면 '무자각'이라는 것은 자신이 한 일의 의미, 상

표 8 _ '빠른 처리'와 '느린 처리'

빠른 처리	느린 처리
감정적	이성적
직감적 처리	숙려 후 처리
순발력 있는 처리	진중한 처리
자동적	제어적
무의식적	의식적
무자각	자각

대에게 미치는 영향을 모른다는 뜻이며, 무의식은 문자 그대로 깊이 생각하는 '의식'의 과정을 거치치 않고 행동해 버린다는 뜻이다.

아침에 멍하니 양치질을 하고 있을 때는 무의식에 가까운 상태다. 생각에 잠겨 머리를 감은 뒤, 머리를 감았는지 감지 않았는지 순간적으로 자기 행동을 기억하지 못해 머리카락이 젖었는지를 확인할 때가 있다. 이런 행동은 무의식적이라고 할 수 있다.

인간은 감정적인 생물이기도 하기 때문에 자신이 수긍할 수 없거나 화를 낼 때는 그 순간 깊이 생각하지 않고 상대를 공격한다.

그러나 편견은 그러한 직감적이고 빠른 행동 속에서만 나타나는 것이 아니라는 점에 주의해야 한다. 직접적인 공격 외에 나중에 악의를 품고 나쁜 소문을 내거나 자기만의 시각으로 왜곡시킨 에피소드를 주위에 퍼뜨려 특정 인물에게 피해를 주는 행위도 편견에서 나온 것이다.

이때 자신의 이해가 편향된 사실을 자각하지 못하는 것은 맞지만, 늘 앞 페이지 표 8과 같이 빠른 처리와 느린 처리가 잘 구분되는 것은 아니다.

심사숙고 끝에 공격할 수도 있는데, 적어도 상대에게 악의로 심술궂은 짓을 하고 있다는 자각은 있는 경우도 볼 수 있다.

자신의 편견을 충분히 깨닫지 않으면 수정할 수 없는 경우가 많다. 그것을 막는 방법 중 하나가 대화다.

▶ 편견을 없애기 위한 '대화의 법칙'이란?

흔히 회의석상에서 논의가 반대에 부딪히면 '감정 스위치에 불이 들어와' 차분하게 논의하기 어렵다는 이야기를 자주 듣는다.

그 이유는 대화의 법칙을 충분히 익히지 못했기 때문일 수 있다. 일본 사회의 특징으로 '이심전심'을 드는 사람이 많다. 말하지 않아도 서로 알아주는 것을 중요하게 여기고, 그렇다 보니 사회 곳곳에서 미리 알아서 가려운 데를 긁어주는 현상까지도 발생한다. 일본인들은 말로 설명하는 행위를 별로 좋아하지 않는 것이다

생산적인 대화란 어떤 것인지 생각해 보자.

A라는 의견을 가진 사람과 B라는 의견을 가진 사람이 있다. 서로가 각자의 의견만 주장한다면 종국에는 싸움이 일어나고 말 것이다.

좋은 논의란, 자신을 과신하지 않으면서 자기 의견에는 미처 살피지 못한 부분, 일방적인 부분, 단점까지 있을 수 있다는 생각으로 타인의 의견을 경청하고 더 나은 해결을 위해 머리를 맞대는 것이다.

함께 그러한 해결점을 찾다 보면 최종적으로 A도 B도 아닌, 새로운 C라는 결론에 도달할 수 있다. 이를 변증법에서는 지양止揚, Aufheben이라고 한다.

사실 일본어에는 원래 '지양'이라는 말이 없다. 다시 말해 일본에서는 대화를 통해 원래 나와 있던 A와 B를 뛰어넘어 새로운 C를 만들어내는 사고 습관이 없었기 때문에 이 같은 논의의 이점을 줄곧 인식하지 못한 것이다.

그래서 일본에서는 '논의'를 하자고 하면 흡사 쌈박질이 연상되는 상황이 연출된다. 어느 쪽 의견이 우세한지 승패를 겨루거나 그에 따른 체면의 문제로 일을 변질시키기도 하는 것이다.

또 논의와 인격을 분리하지 못해 의견을 부정당했을 때 자기 자신이 부정당했다고 받아들이기도 한다.

게임을 하듯이 몇 가지 안을 테이블 위에 던져 놓고, 그 안을 다 같이 검토하다가 더 새롭고 나은 작품을 만들면 되는데 말이다. 의견은 그저 점토 작품을 만들기 위한 재료를 제공한다는 느낌으로 내면 된다.

사람은 제각기 다양한 정보를 가지고 있다. 모든 것을 알고 모든 견해를 속속들이 이해하는 사람은 없다.

그래서 논의는 의미 있는 일이다. 실수는 다른 사람이 정정해 주지 않으면 깨닫기 어렵다. 왜 그런 실수가 일어났는지를 다른 누군가가 더 잘 알지도 모른다. 회의석상에 모인 사람들은 '척척박사 선발대회'에 출전한 것이 아니다. 참석자 전원이 관여하고 있는 프로젝트를 성공시키는 것이 목표다.

자기 의견에 너무 집착하는 행위는 생산적이지 않다. 편견도 그런 행위에 포함된다. 여러 사람의 시각으로 봄으로써 미처 보지 못한 문제점을 파악할 수 있는 것이다.

변증법으로 새로운 해결책 C를 찾겠다는 발상을 하면, 참가자들은 적극적으로 서로를 마주 보면서 감정적인 대립을 피하며 대화할 수 있다. 그리고 의견을 개인의 인격과 결부한 끝에 각자 자기 인격을 사수하기 위해 소모적인 대립으로 치닫는 상황도 피할 수 있다.

발전적인 회의 흐름은 변증법을 따른다는 이치를 모르더라도 대화를 나누면 자연스럽게 새로운 아이디어를 도출할 수 있다.

정규 회의는 망치고 술집에 가서야 말문이 터지는 문화는 고쳐야 한다. 회의를 원래 목적대로 활발한 의견 교환의 장으로 만들어야 무의식적 편견에 발목 잡힐 위험도 줄일 수 있다.

▶ 비뚤어진 믿음을 부르는 다섯 가지 '전통적 가치관'이란?

일본에서 편견을 줄인 쾌적한 직장 환경이 좀처럼 실현되지 못하는 데는 이유가 있다. 직장 환경의 개선을 방해하는 전통적 가치관이 강하기 때문이다.

흔히 전통적 가치관이라고 하면, 지나간 세대의 낡은 사고방식을 떠올릴 것이고 그런 사고방식이 현재 일본의 직장 환경에 나쁜 영향을 준다고 생각할 것이다. 확실히 성별, 젠더와 관련한 사고방식에 세대의 영향이 큰 것은 사실이다.

그러나 최근 우리가 조사한 결과를 보면 그뿐 아니라, 젊은 세대가 전통적 가치관을 고집하기 때문에 조직의 개혁에 진척이 없다는 사실도 드러나 있다.

여기서는 그 요인을 다루어 보려 한다.

전통적 가치관 ❶ 분위기 신봉

'분위기를 망치고 싶지 않다'라는 생각이다.

남을 비판해서 미움 받는 상황은 만들고 싶지 않다는 마음은 20대가 30대나 40대보다 높아지는 추세다. 주위 의견에 신경 쓰는 이 같은 경향을 '평가 근심Evaluation Apprehension'이라 부르는데, 일본에서는 여러 세대에서 두루 찾아볼 수 있다.

그래서 편견이나 괴롭힘 문제가 직장에서 일어나도 좀처럼 목소리를 높일 수 없는 것이다.

원래 일본 사회는 조화를 중시하고 화합을 존중하는데, 그것이 지나치면 '분위기'가 압력으로 작용해 전원 일치의 결정으로 이어진다.

그러니까 속으로는 수긍하지 않으면서 겉으로는 마지못해 주위 사람들 의견에 맞추어 따라가는 행동이다.

이는 출발부터 불만의 씨앗을 안고 있는 셈이므로 언제 터질지 모르고, 그러다가 견딜 수 없는 지경에 이르면 이른바 '폭발'할 수 있다.

설문 조사 결과를 보면 '분위기가 나빠지는 것은 왠지 싫다', '분위기를 망치는 짓만큼은 절대로 하고 싶지 않다'라는 항목에 '그렇다'라고 답한 사람이 많았다.

또 다른 항목에서도 '주위 상황을 살펴 내 의견을 억누른 경우가 많다'라는 답변도 상당수 있었다.

그래서 그 반대 행동인 '자기주장'은 자제한다는 경향이 나타났고, '주위 사람이 동의하지 않아도 자기 생각을 내세운다', '평소에 겁먹지 않고 자기 의견을 주장하는 편이다'라는 항목에는 '그렇지 않다'라고 답변하는 경향이 많았다.

이를 '주장성'이라는 방향으로 계산, 환산하면(1~7점) 미국에서는 4.26점, 일본에서는 3.87점으로 일본의 주장성이 더 낮다는 사실을 확실히 알 수 있었다.[*]

전통적 가치관 ❷ 인내 지상주의

일본 사회에서는 불합리한 상황도 끈질기게 참고 견디는 자세를 중요하게 여긴다. 운동선수도 힘든 연습을 견뎌내고 훌륭한 성과를 냈을 때 칭찬받는다. 일도 즐겁게 하는 것이 아니라 고생하면서 해냈을 때 가치 있다고 평가하는 경향이 있다.

---

[*] 기타무라(北村), 2020년 1월, 미공개 데이터.

일본 노동자들이 장시간 노동을 잘 견디는 것도 이러한 전통적인 사고방식이 있기 때문이다. 젊은 세대는 사생활을 포기하는 '희생정신'에서 어느 정도 자유로워진 것 같다. 일찍 귀가해도 된다는 규칙이 있으면 일을 서둘러 마무리하고 퇴근하며 상사의 술자리 권유도 거절하는 분위기다.

이는 자신의 자유시간을 더 귀하게 여기기 때문이다. 이런 변화를 보면 미래에 대한 기대감이 부풀어 오르는 기분이다. '요즘 젊은이들은 사교성이 떨어진다'라고 한탄하지 말고 일본의 미래를 희망 섞인 시선으로 바라보면 좋겠다.

위기가 닥치면 질서를 강조하는 사회적 압력이 거세진다는 이야기가 있다. 주변 분위기에 맞추어 인내하는 분위기도 강해진다. 코로나바이러스가 유행할 때는 '일상에서 많은 것을 참아야 한다'라는 인내 지상주의도 평균 점수가 4.8이라는 높은 수치까지 상승했다.[*]

---

[*] 기타무라, 2020년 6월, 미공개 데이터.

인내하면 어려움을 극복할 수 있다는 생각이 집약되면 '정신주의'가 된다.

중학교 동아리 시절부터 일본인은 애써 노력하는 자세를 칭찬받는다. 예전에는 근성주의라고 불렀다. 그래서 경기에 지고 돌아오면 '근성이 부족해서 그렇다'라며 혼을 낸 것이다.

최근에는 스포츠 과학이 발달해 각 종목에 맞게 단련해야 하는 근육과 과학적 훈련법이 고안되어 있다. 최고 수준의 선수단은 그에 따라 훈련받는다.

하지만 중학교 동아리를 지도하는 학교 선생님들까지 모두 해당 종목의 전문가인 것은 아니다. 고등학교 시절에 육상을 하던 분이 농구부 고문을 맡기도 한다.

그래서는 과학적으로 패인을 분석하기는커녕 스스로 지식을 얻으려 하지 않는 이상, 작전조차 제대로 짜기 어렵다. 그저 '더 열심히 뛰란 말이야!' 하는 정도의 정신적인 독려가 최선일 수 있다.

그런데 이는 지도하는 선생님이 나빠서가 아니다. 그 정도 시스템밖에 만들 수 없는데, 학교에 따라 동아리 구성이 필수

인데다가 경기에 나가면 우승을 지상 과제처럼 강조하는 문화가 문제다.

학교 체육은 일단 스포츠를 접하고 즐기도록 유도하는 것이 가장 큰 임무다. 졸업 후, 나이가 들어도 건강을 유지할 수 있도록 능숙하게 운동을 즐기고, 체력을 다지며, 스포츠를 활용하는 방법을 배우는 것이 본래 목적이다.

동아리는 과외 활동으로서 애초에 학교 교과와 관계없고, 교사의 참가 의무도 없다. 그런데 일본의 교육 관습 때문에 거의 필수처럼 취급되고 있으니 이 점은 대폭 개선되어야 한다.

심리학자 오미 야스히로 씨는 저서 『일본의 동아리 활동: 문화와 심리·행동을 읽어내다日本の部活(BUKATSU): 文化と心理・行動を読み解く』에서 동아리 활동에 관해 자세히 서술한 바 있다.

그 내용에 따르면 미국의 중학교 클럽 스포츠는 일본 같은 이른바 토너먼트 방식이 아니라 지역 리그전 형식으로 치른다고 한다. 승리 절대주의가 아니기에 아이들이 즐길 수 있다는 점이 인상적이었다고 한다.

스포츠 외에도 애써 노력하는 데 의의가 있다고 강조하는 정신주의는, 꼭 성과로 연결된다는 보장이 없는 장시간 노동,

비효율적인 노력을 개선할 수 없게 만든다는 문제를 안고 있다. 정신주의에 내포된 노력주의도 예전에는 오로지 악착같은 노력만 강조했다.

그런 노동 방식은 알다시피 시대착오적이다. 그러나 기존의 노동 방식에 익숙한 과거 세대는 달라진 가치관, 새로운 노동 방식을 지향하는 젊은 세대의 행동에 불만을 느끼는 것 같다.

그들도 자기 불만의 뿌리를 자각해야 비로소 편견으로 타인의 노동 방식을 평가했던 자신들의 잘못을 깨달을 수 있을 것이다.

어떤 의미에서는 오랜 시간 끌지 않고 요령 있게 성과를 끌어내는 재주는 칭찬해야 생산성이 오른다. 모처럼 생산성을 높이려 하는데, '설렁설렁했다', '정성을 덜 들였다'는 등 성과를 도외시한 비판을 하는 건 뭘 몰라도 한참 모르는 소리다.

일본의 정신주의는 학교 교육 안에서 재생산되고 있다. 최대한 그 악순환을 끊어야 한다.

요즘 흔히 보는 괴롭힘의 뿌리에는 개인의 다양한 스타일에 대한 이해 부족이라는 공통 문제가 있는 것 같다.

전통적 가치관 ❹ 공정세계에 대한 신념

'선하게 산 사람은 보답을 받고, 악하게 산 사람은 벌을 받는다.'

이 말은 사람은 한 대로 돌려받는다는 생각을 보여주는데, 공정한 세상을 바란다고 해서 '공정세계에 대한 신념'이라 불린다. 이는 일본뿐 아니라 전 세계에서 볼 수 있는 현상으로 예로부터 세계에는 이런 견해가 공통으로 존재했다.

그러니 아이들이 열심히 공부하는 것도 미래를 위해, 미래에 좋은 일이 있을 거라는 기대심리에서 현재를 인내하는 것이다.

하지만 현실 세계에는 다양한 원인이 작용한다. 우연한 요소도 많다.

비즈니스에서 성공한 사람의 체험담을 담은 책이 자주 출판되는데, 그 책은 해당 사례자의 경험에 불과하다. 그의 성공에는 행운이라는 요소도 포함되어 있을 텐데 무조건 믿는 사람도 있는 것 같다.

하지만 인생은 능숙하게 통제할 수 있는 것이 아니다. 그런데도 사람들은 우연한 요소를 경시하는 경향이 있다. 사람이 뭔가 잘 안될 때 어떻게 하는가?

유감스럽게도 '운이 나빴구나'라는 생각은 하지 않고, '노력이 부족했다', '대응이 잘못되었다'라며 무언가 과거에 자신이 했던 행동에서 원인을 찾으려 하기 쉽다. 이것이 공정세계에 대한 신념이다.

즉, 나쁜 일이 일어났을 때, 나쁜 행위가 나쁜 성과로 이어진다고 믿기 때문에 뭔가 이전에 나쁜 짓을 저지른 것 아닌가 하는 의심을 하기 쉬운 것이다.

사람의 행동은 완벽하지 않다. 따라서 과거로 거슬러 올라가 이것저것 세세한 것을 헤집어 내다보면 잘못이라고 볼 만한 일을 100% 집어낼 수 있다. 그런데 사실 그것이 원인이 아닐 수도 있다.

그런데도 사람들은 설명을 원하고, 실패의 원인을 찾았다 싶으면 거기에 집착해 자신의 잘못을 책망한다.

공정세계 스위치에 불이 들어오면 진짜 원인과는 무관한 인과관계에 빠져 다음 실수를 막을 올바른 대책에서 멀어질 수도 있다.

전통적 가치관 ❺ 감점 방식

'칭찬으로 키우기', '훈계하며 키우기'라는 말이 있다.

요즘 학생들에게 물어보면 다들 '칭찬하면서 키워 달라', '칭찬받으면 잘 클 것 같다'라고 입을 모아 답한다.

컬럼비아대학교 심리학과의 토리 히긴스 교수는 잘한 부분에 주목하는 방식을 '성취 지향Promotion Focus', 잘못한 부분에 주목하는 방식을 '안정 지향Prevention Focus'이라고 불렀다.

성취 지향형 인간은 무언가를 할 때 칭찬받을 것을 기대하고 임하며 어떻게 성공할지를 생각한다. 그에 비해 안정 지향형 인간은 실패하지 않으려고 주의하는 것을 중요하게 여기며, 어떻게 성공할지보다 어떻게 하면 남의 질책과 비판을 피할 수 있을지에 사고의 초점을 맞춘다.

새로운 것을 만들어내는 데는 성취 지향적인 방식이 더 적합할 수 있다. 안정 지향적인 방식은 흡사 감점 방식 평가제도처럼 처음 그 자리가 최고 점수다. 실패를 두려워한 나머지 도전하기 어렵게 만드는 사고방식인 것이다. 확실히 별난 짓을 하지 않아야, 그리고 이전과 같은 방법을 고수해야 실패하지 않는다.

직장에서 의견을 모을 때도 실패를 피하기 위한 이 같은 편견이 이용되고 있지는 않은지 살펴야 한다. 자칫 새로운 제안을 두려워하고 실패의 원인이 될 수도 있는 요소에만 눈이 가는 '감점 방식 스위치'를 켠 채, 새로운 것을 만들어낼 큰 힘과 장점을 놓치고 있는지도 모르니까 말이다.

이것도 사물을 보는 여러 방식 중에 숨어 있는 하나의 편견이다. 자신이 세상을 보는 방식에 관한 습관을 알고 나면, 지금 여기에서 그 습관이 적절한지 아닌지를 자기 자신에게 물을 수 있을 것이다.

제 5 장

일상의
모든 곳에 도사린
무의식적 편견

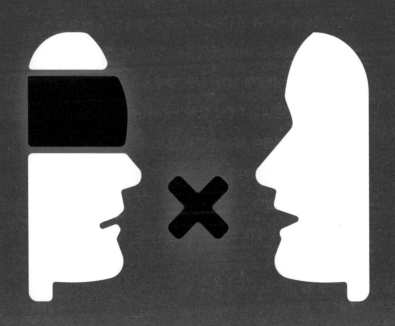

▶ IAT가 파헤친 '샤이 트럼프'의 진짜 비율

미국 하버드대학교의 홈페이지에 재미있는 내용이 실려 있다. 미국 대통령 선거와 관련한 IAT(85페이지 참조)인데, 해당 결과는 2000년 초에 홈페이지가 개설된 이후 줄곧 게재된 상태다.

2020년 미국 대통령 선거 당시, '샤이 트럼프[shy Trump]'라는 말이 많이 보도되었다. 지인들 앞이나 공개석상에서는 차별적이고 부적절한 언행이 많은 트럼프 당시 대통령을 지지한다고 확실히 밝히지 못하지만, 마음속으로는 트럼프 대통령을 지지하는 사람이 있다는 지적이다.

만약 보도된 것처럼 세상에 '숨은 트럼프 지지자'가 많았다면, IAT를 통해 명확히 드러났을 것이다.

그런데 하버드대학교의 IAT 결과는 전체적으로 볼 때 바이든이 우세했다. IAT 결과를 뒤집을 정도로 샤이 트럼프가 많지는 않았던 것이다.

그런데도 그 같은 보도가 나왔던 이유는 사람들이 설문 조사에 임할 때 '진심을 밝히지 않을 것'이라고 추측했기 때문이다.

확실히 1990년 무렵에는 '우리는 지금 미국 사회에 존재하는 흑인 차별의 실태를 파악하려 하는데, 당신은 흑인을 싫어합니까?'라고 백인에게 대놓고 물었을 때, 'YES'라는 대답을 거의 얻지 못했다(차별을 공언하는 정치적으로 극단적인 세력이 유럽과 미국에서 눈에 띄게 늘어난 것은 오히려 21세기 이후다).

돌이켜 보면 20세기 말은 사람들이 가장 평범하게 평등의 가치를 존중하고 차별을 없애야 한다는 생각에 찬성하던 시절이었다.

그런 시대에 대놓고 '흑인을 싫어합니까?'라고 묻는 것은, 난센스일 뿐 아니라 윤리적으로도 의문이 드는 방법이다.

이러한 직접적인 질문을 우리 연구자들은 '명시적^{Explicit} 척도'라 부르고, 새로 개발된 IAT와 같은 측정 방법을 '암묵적 Implicit 측정'이라 부른다.

1990년대 후반은 심리학계에서 잇달아 암묵적 측정 방법을 개발해 낸 시대다. 응답자가 의도적으로 답변을 왜곡하거나 허위 답변을 보고하지 않게 하려면 어떻게 측정해야 하는지에 관한 연구가 이루어진 것이다.

이를 통해 드디어 앞서 설명한 개입이나 교육의 정확한 효과를 확인할 수 있게 되었다.

▶ 코미디의 핵심 코드 '외모·체형 비하'

일본에서 아직도 크게 '차별'로 인식되지 않는 요소 중 하나가 체형이다.

그런데 사람의 결점은 뭐든지 들추어내고 과장해서 웃음거리로 만들어 온 TV 버라이어티 업계에서도 요즘은 외모나 체형을 '비하'하는 행위가 흥을 깨뜨리며, 그런 웃음은 천박하고 반인륜적이라는 의식이 강해지고 있다.

연예인이 반사회적인 집단과 어울리면 따가운 시선을 받는 것과 비슷한 느낌이다. 웃음에도 기본적인 사회 상식이 요구

되면서 남을 함부로 해치지 않는 웃음이 좋은 웃음으로 평가받는 '착한 세상'으로 변해가는 느낌마저 든다.

필자는 간사이 출신이라 '외모 비하'뿐 아니라 사람을 웃기는 온갖 기법을 보고 자랐다. 그래서 너무 일률적으로 단속하려는 움직임에는 조금 의문도 들지만, 다른 사람의 외모를 웃음의 소재로 삼아서는 안 된다는 감성이 무의미하지 않다는 데는 공감한다.

외모는 성형 수술을 하지 않는 이상 본인의 노력만으로는 어쩔 수 없는 측면이 있다. 필자도 정상 체중보다 10kg은 더 나가서 좀 더 날씬했으면 좋겠다고 바라지만, 살이 빠지지 않는 이유를 죄다 노력 부족 탓으로 돌리기에는 괴롭다.

세상에는 꽤 먹는데도 살이 덜 찌는 사람이 있다. 이는 섭취한 음식물을 체내에서 얼마나 연소해 에너지로 발산하는가 하는 체질 차이, 즉 타고난 유전자의 차이가 상당 부분 관련되기 때문이다.

물론 운동하고 근육을 늘려 기초 대사를 올리는 방법도 있지만, 가만히 있어도 원래 연소 효율이 좋은 사람도 있다.

아무런 노력도 하지 않고 날씬한 체형을 유지할 수 있는 사람이 실제로 존재하니 그 차이는 불공평하다고 할 수 있다. 하지만 차별만 없다면 그 정도 '단순한 차이'는 상관없는 수준이라 할 것이다. 그런데 엄지발가락 길이에 아무도 신경 쓰지 않는 것처럼 체형 중에 신경 쓰지 않는 부분도 있지만, 사람들이 신경 쓰는 부분도 있다.

어디에 신경 쓰는지는 진화심리학적인 설명도 있지만, 그건 차치하자. 다만 특별히 노력하지 않고도 날씬한 사람이 있는데, 뚱뚱한 사람은 왜 노력이 부족하다고 비난받아야 하는지는 고민해 볼 문제다.

미국에서는 체형에 대한 차별이 심각하다. 중상층 사업가, 사회적 지위가 있고 세간의 평가가 좋은 직업군은 '자기 관리'를 중요하게 여기기 때문에 자기 체중을 스스로 제어할 수 없는 사람을 무능한 사람으로 간주하는 고정 관념이 널리 퍼져 있다.

필자가 1990년대에 객원 연구원으로 체류했던 곳에서도 술자리에서 장신의 연구진 두 명이 '키가 크고 마른 체격은 머리가 좋다'고 반 농담으로 말했지만, 결국은 자기 자랑이었던 기억이 난다.

이쯤 되면 증권거래소에 트레이더로 지원했다가 뚱뚱해서 떨어지는 불합리한 일도 충분히 생길 수 있다.

현재 미국의 관련 학회는 '체형으로 구별하는 행위는 분명한 차별이다'라고 단언하고 관련 연구를 진행 중이다.

▶ '여성 아나운서는 미녀'라는 공식이 통하는 일본

선진국에서는 외모 비하를 차별로 보고 민감하게 대응해 왔다. 하지만 일본에서는 그에 대한 반응이 매우 둔감했기에 '방치' 상태라 불러도 과언이 아닐 정도다.

증권 트레이더 일이 뚱뚱한 체형과 무관하듯 뉴스 전달자는 외모가 아름다워야 할 이유가 없다. 사회에서 일어난 사건, 사실이 외모에 따라 변하지는 않을 테니까 말이다. 사람들 앞에 내놓을 수 있는 얼굴, 내놓을 수 없는 얼굴이 있다고 생각한다면 이는 매우 위험한 발상이다.

그런데 일본에서는 해당 직종을 채용할 때 암묵적인 양해인지, 그렇지 않으면 당연하게 여기는 것인지 모르겠으나, 중요심사 항목으로 능력과 지성 외에 다른 요소를 챙긴다. 쉽게말해 외모가 심사에 영향을 주는 것이다. 현실적으로 대학 재학 중에 캠퍼스 미인대회에서 우승한 사람이 아나운서로 채용되는 경우가 많다(그야말로 시대착오적인 짓거리다).

"아름다움을 느끼는 것은 본능이기에 '아름다운 쪽으로 끌리는' 것이 인간의 기본적 성질이다. 세상 사람들은 아름다운 사람을 보고 싶을 것이므로 아름다운 사람을 출연시키면 시청률도 오르고 광고도 유치할 수 있다."

방송사는 이렇게 자본주의 원리를 내세우며 아름다운 출연자를 확보하려 하는데, 어찌 보면 당연하다는 느낌마저 들 정도다.

하지만 이 논리대로라면 본능이 무조건 옳다는 뜻이니 방송사는 욕망을 채우는 콘텐츠만 방송하면 될 일이다.

그러나 방송은 '공기公器', 즉 사회 구성원 전체가 이용하는 도구이니 국민의 복지를 위협하는 프로그램은 바람직하지 않다. 그래서 TV 프로그램의 공공성을 심사하는 '방송 윤리· 프로그램 향상 기구BPO' 같은 제삼자 조직이 있는 것이다.

뉴스 보도는 정확성이 생명이다. 그래서 앵커나 캐스터에게는 그 무엇보다 뉴스를 간명하게 정리해 본질적으로 중요한 부분을 재빠르게 판단하고 논하는 지성이 필요하다.

실제로 선진국에서는 일본만큼 외모에 대해 집착하지 않으며(외모를 전혀 보지 않는 것은 아니지만, 정도 문제라는 뜻이다) 다양성을 의식하기에 아프리카계, 아시아계 등 여러 인종을 채용한다. 최근에는 평등과 인권을 더 중시해 예전과 같은 백인 우선 기용이나 외모 요건에 대한 기준도 사라지는 추세다.

그러나 아직 일본에서는 이런 일이 '문제가 될 수 있다'는 인식조차 희박하다.

최근 심리학 연구는 매일 TV에 등장하는 인물들이 너무나도 아름다운 나머지, 사람들이 자신과 남을 비교('사회적 비교 Social Comparison'라고 부른다)하느라 쉽게 우울감을 느끼며, SNS에서 외모가 뛰어난 사람을 보면 특히 여성의 기분이 침울해지는 현상을 자주 다룬다.

또 TV에 등장하는 '아름다운' 여성들이 너나없이 날씬한(너무 마른) 것도 일본 여성에게 자기 체형에 대한 불만족감을 키우는 등의 악영향을 주는 것 같다. TV가 늘 '이상적인 체형'과의 괴리감을 의식하게 만드는 것이다.

이처럼 우리는 '아름다운 것이 보기 좋다'라고 단정하지만, 실은 부작용 등의 해악을 끼치기도 한다.

이 같은 외모 차별을 루키즘Lookism이라고 부른다. 이 개념은 앞으로 갈수록 더 주목받게 될 것이다.

일본에서도 10년 뒤, 20년 뒤에는 일상 또는 직장에서 일할 때, 직원 채용 시에 이 루키즘에 대해 훨씬 신중하게 대응하라는 요구가 나올지도 모른다.

▶ 중장년 남성이 '자립하는 여성'을 보며 떨떠름하게 여기는 까닭

3장에서 장애인은 모두 따뜻한 사람이라는 생각은 문제가 있다고 이야기했다.

이렇게 얼핏 긍정적인 표현이 문제를 내포한 예도 알고 보면 많이 있다. 미국의 심리학자 수잔 피스크는 여성에 대한 견해에 양면성이 있음을 지적했다.

지난 20세기, 산업이 발달한 모든 선진국에서는 남성이 모든 일을 주도하는 남성 우선적인 사회가 성립되었다.

새로운 산업사회에서는 도심이나 물가에 집적되는 사무소와 공장에 수많은 남성이 근무했고, 여성은 전업주부가 되거나 가정에서 할 수 있는 정도의 경노동에 종사하는 경우가 늘었다. 노동 인구가 늘어나자 거주지는 교외로 이동했고, 그에 따라 남성은 교외에서 도심으로 출퇴근을 하면서 일터와 주거지는 분리되었다.

그러나 20세기를 지나면서 이른바 '여성의 사회 진출'이 늘어났고 경제적으로 자립한 삶의 중요성을 아는 여성, 직장에서 자신의 힘을 발휘하고 싶은 여성들이 점점 직업을 가지게 되었다.

일본에서는 그 무렵, 직장 다니는 여성을 BG(비즈니스 걸)라는 명칭을 바꾸어 OL(오피스 레이디)로 부르기 시작했다. 하지만 OM(오피스 맨, 오피스 메일, 오피스 젠틀맨) 같은 단어는 쓰지 않았다. 남성이 일하는 것은 당연하게 여겼기에 셀러리 '맨'이라고 하면 모름지기 남성을 지칭하는 말로 받아들였기 때문이다.

이처럼 남성을 사회의 표준으로 보았고, 호텔 맨, 프레시 맨 등 암암리에 남성을 전제로 삼았으니 여류 바둑기사, 여류 작가, 여의사, 여변호사 같은 호칭은 새로 만들어져야 했다.

그리고 이른바 '남성들의 세계'로 여겨지던 직업에 여성이 진출하자 위협과 거부감을 느끼는 남성이 나타났다. 사람은 익숙하지 않은 상황에 부딪히면 다양한 감정을 드러낸다. 보수적인 사람은 특히 변화를 싫어하기 때문에 '옛날 그대로'를 유지하는 쪽에 편안함을 느끼기 쉽다.

성평등이라는 관점에서 말하자면, 여성의 '사회 진출'은 긍정적으로 보도되었지만, 일부 사람들은 상황을 되돌리고 싶었는지 심하게 반발하기도 했다. 이를 백래시Backlash(사회적 변화에 대한 기득권층의 강렬한 반발)라고 부른다.

그런 가운데 남성 중심의 언어 관습 속에서 '커리어우먼'이라는 표현이 새로 등장했다. '여성성이 부족하고 딱딱한 사람', '따뜻함이 부족하며 인정머리 없고 차가운 사람'이라는 이미지를 담고 있었다.

피스크의 모델은 집단을 고정 관념적으로 파악하는 차원에서 두 개의 축을 제시했다. '따뜻함과 차가움'이라는 축과 '유능함과 무능함'이라는 축이다.

이 경우 유능함은 '일을 잘한다'라는 뜻이므로 커리어우먼으로 사회에 진출한 선진적인 여성은 일을 잘하지만, 차갑다는 평을 들었다.

두 개의 축은 원래는 관계가 희박하나 실제로는 연결된 것처럼 취급되기에, 고정 관념적 시각에서는 '유능하면 차갑다',

'따뜻하지만 능력이 모자란다'라는 연결이 만들어지기 쉽다고 피스크는 지적했다.

▶ 남성이 만들어낸 '일 잘하는 여성은 차갑다'라는 이미지

'일을 잘하면 정이 없고 차갑다'라는 생각은 편견임을 깨달아야 한다. 이는 이 책이 주는 '편견 탈출'이라는 교훈 중에서도 핵심이라 할 수 있다.

그 둘 사이에는 사실 아무런 연결고리가 없다. 그런데도 1970년대까지 사람들은 편견적 시각으로 '결혼하면 아내는 전업주부가 되어야 한다'고 믿었다.

결혼 후에도 일을 계속하면 '육아를 내팽개쳤다', '아이가 불쌍하다'는 등 온갖 참견이 따라붙었다. 특히 전업주부를 당연시했던 부모 세대는 '결혼한 여자가 일을 하다니 아이가 불쌍하다'라며 일하는 여성을 나무라고 공격했다.

피스크는 이를 '적대적 성차별Hostile Sexism'이라고 불렀다.

남성들도 일터에 나타난 여성이 경쟁자라는 생각이 들면 발목을 잡으려 든다 한들 이상할 게 없었다. 그 같은 낡은 사고

방식이 21세기인 지금도 이어지고 있으니 같은 상황을 대하는 중장년 남성의 태도는 공격받을 소지가 있다.

그들로서는 젊었을 때의 상식과 현재의 상식이 결정적으로 달라졌다는 변명이라도 하고 싶을 것이다.

그러나 시대 상황의 변화가 급격하다고 해서 '변하지 못하겠다'라는 말은 변명이 될 수 없다.

▶ '악의 없는 편견'이니 잘못이 없다?!

피스크의 모델에 제시된 축을 보면 유능함과 차가움이 한데 묶여 있고, 다른 한편으로는 따뜻함과 무능력, 즉 일을 못한다는 특성이 결부되어 있다.

결혼과 출산으로 직장을 그만둔 여성은 하기 싫어 그만둔 것이 아니다. 무능해서 해고당한 것도 아니다. 당시 일본 사회가 육아와 일을 양립할 수 있는 태세를 갖추지 못한 상태였을 뿐이다.

그런 상황 속에서도 어떻게든 일을 놓지 않은 사람이 있다. 물론 단념하고 '집안에 들어앉은' 사람도 있다.

그런데 이는 '구 종족' 남성들에게는 매우 고마운 일이었다.

여성이 예전처럼 전업주부의 위치를 지키고 집안일과 육아를 도맡아 준 덕에 남성만이 자기 일에 열중했으니 말이다. 1989년에는 '24시간 싸울 수 있습니까?'라는 광고 카피를 내세운 TV 광고가 그해 유행을 선도할 만큼 맹렬히 일하는 남성의 모습은 그 시대의 이상적인 인간상을 대표했다.

그리고 '후방 지원 부대' 같은 전업주부는 '아이를 좋아한다', '인성이 따뜻하다'라는 말로 이미지가 보완되었다.

보완이라고 표현한 데는 이유가 있다. 일단 드러나지 않는 방식으로 '전업주부는 유능하지 않지만'이라고 단정한 뒤, 그것을 덮고 숨기는 장치로서 '인성이 따뜻하다'라는 달콤한 칭찬을 더했기 때문이다.

이를 피스크는 '보상작용Compensation'이라고 불렀다. 실제로는 부정적인 고정 관념이지만 긍정적인 고정 관념인 '따뜻함'을 부여해 실제 이미지를 가렸다는 의미다.

그래서 이것이 '일종의 차별'임을 알아차리기 어려운 것이다. 피스크는 이를 '온정적 성차별Benevolent Sexism'이라고 부른다.

실제로 지금까지 남성이 해 오던 고도의 전문직을 놓고 보수적인 견해를 가진 누군가가 '이 일은 여성이 해내기 어렵다'라고 했을 때, 주변에서 악의 없이 '여성에게 부담을 줄 수는 없다'라는 의견을 내고 그 의견이 대세가 되기도 했다. 이런 일은 2020년대에도 문제가 되고 있다.

육아휴직에서 막 복귀한 여성 직원을 배려하겠다는 의도에서 부담이 적은 일, 전에 맡던 업무보다 책임이 가벼운 일을 계속 할당한 결과, 직원의 사기가 꺾인 사례도 볼 수 있다. 도와주려고 한 일이 '온정적 성차별'로 이어진 것이다. 아직 차별이라는 말이 이해하기 어려운 사람은 '편견'이라고 생각해도 된다.

그러나 엄밀히 말해 '편견'이라는 것은 사물을 보는 방식이기 때문에 심리학에서 말하는 '인지'에 해당하며, 회사 내 처우는 실제로 이루어지는 행위 또는 활동이므로 심리학에서는 행위 차원의 문제는 '차별'이라고 명명한다.

때에 따라서는 재판에서 패소할 소지도 있으니 관리직이나 경영자는 직원 한 사람, 한 사람에 대한 처우를 지금보다 더 진지하게 생각해야 한다. 그렇지 않으면 시대에 뒤떨어져 큰 실패를 초래할 수도 있다.

이는 경영진이 남성인 경우에만 해당하는 이야기가 아니다.

예를 들어, 선배 여성이 후배 여성을 자신도 모르는 사이에 성차별적으로 대할 수도 있다.

여성이 여성을 괴롭힐 수도 있다. 남녀 사이에만 일어나는 문제가 아니다.

▶ 개도국 또는 지방에 대한 무의식적 편견

따뜻함과 그 이면에 도사린 부정적 이미지의 결합은 지금까지 언급한 전업주부뿐 아니라 개도국에 대한 무의식적 편견에도 들어 있다.

예를 들면, 여행이나 취재 때 '이 지역 사람들은 참 상냥하다'라는 표현을 통해 편견 섞인 견해를 드러내는 것이다.

'이 지역 사람들'이라 표현하지만, 실제 그 지역에 영주하는 사람은 극히 드물 것이다. 결국에는 자기 나라, 자신이 사는 지역의 편리함 또는 도시적 자극에 가장 큰 매력을 느낀다는 말밖에 되지 않는다. 국내에서도 같은 편견이 나타난다.

일본의 경우, 청년층이 도시로 나간 탓에 인구 과소화가 심각한 지역에서는 지자체 예산이 줄어드는 등 도시와의 격차가 점점 벌어지고 있다.

그런 한편 20~30대 젊은 층을 중심으로 U턴(도시를 떠나 출신지로 이주), I턴(출신지 이외 지방으로 이주)이 유행하는데다가 코로나바이러스 확산으로 인한 '원격근무'와도 맞아떨어지면서 '지방 살이'가 주목받고 있다.

그러나 전체적인 추세나 인구 추이를 보면 아직도 젊은 인구가 지방에서 도시로 유출되는 현상은 무시할 수 없는 움직임이다. 이때 등장하는 고정 관념이 바로 '지방 생활은 불편하지만, 그 대신 인정이 넘친다'라는 것이다. 피스크의 도식에 꼭 들어맞는 편견이다.

그 밖에도 지방에서 상경한 대학생이 종종 자기 자신에게 부정적인 고정 관념을 가지는 탓에, 사투리를 표준어로 바꾸어 일상생활을 영위하거나, 도회적인 옷차림을 익히려고 애쓰는 모습을 보면, 아직 지방에 대한 편견이 해소되지 않았음을 엿볼 수 있다.

이처럼 무의식적 편견은 일상 속 모든 곳에서 발견된다.

제6장

다수자의
'자각하지 않는 힘'을
경계해야 한다

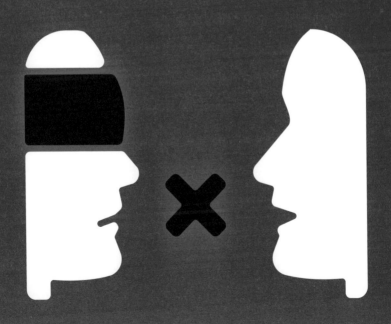

▶ 분위기를 틀리게 읽는 이유

일본 사회는 남의 주장에 자기 의견을 맞추는 동조 경향이 강하다. 그래서 으레 이견이 없을 때는 주위 사람들이 자기 의견을 지지하는 것으로 여기고 뿌듯해한다.

무의식적 편견과 관련해서도 자신이 뭔가 잘못된 말을 했다는 자각이 없는 상태에서 주위 사람들이 호의적으로 받아들이거나 여러 사람이 웃음으로 화답하면 자기 말이 잘못되었다고 생각하기 어렵다. 모리 전 총리의 말실수도 그런 '분위기'에 취한 탓에 저지른 것이 틀림없다.

모리 씨의 경우는 본인에게도 문제가 있었지만, 동석한 일본

올림픽위원회 위원들이 그 발언을 웃으며 받아들였기 때문에 회의 분위기도 도마 위에 오른 바 있다.

그런 분위기 탓에 여태껏 일본 사회에서 부적절한 발언이 허용되었고, 시정되지 않은 채 도돌이표처럼 되풀이되었다는 지적이 터져 나온 것이다.

당시 일본올림픽위원회의 회장, 부회장, 이사는 모두 25명이었고 그중 여성은 5명이었다. '머리말'에서도 언급한 모리 씨의 발언은 '일본올림픽위원회와 도쿄 올림픽·패럴림픽 임원 중 여성 비율을 40%로 늘리자'라는 목표에 대한 논의 가운데 불거진 부적절한 발언이었다.

더욱이 해당 모임에서 모리 씨는 "조직위원회에 여성이 7명 정도 있는데 모두 자기 분별력이 있다"라는 발언도 했다. 인터넷에도 '#분별력_없는_여자'가 등장했고 해당 발언을 강도 높게 비판하며 논쟁을 벌이는 움직임이 일어났다.

결과적으로 모리 씨는 사임하는 지경에 이르렀고 도쿄 올림픽·패럴림픽 조직위원회의 회장은 하시모토 세이코 씨로 교체되었다. 대회조직위원회는 이사를 33명에서 45명으로 증원했는데 12명 모두 여성으로 충원해 여성 비율이 40%로 높아졌다.

여성 등용이라는 점에서는 평가할 수 있겠으나 '어째서 40%인가?'라는 인원수와 비율에 관한 깊이 있는 논의, 발언의 의미에 대한 반성·비평은 앞으로 풀어야 할 숙제다.

그뿐 아니라 이러한 발언이 왜 이리 자주 불거지는지도 따지고 들어야 비로소 근본적인 해결이 가능할 것이다.

▶ 정보를 입맛대로 받아들이는 '확증 편견'의 함정

남성 비율이 높은 모임에서는 자각하지 못한 사이에 다수자인 '남성을 중심으로 한 발상', '남성의 시선에서 나온 생각'이 무비판적으로 드러날 때가 있다. 그리고 종종 그것을 정정하지 못한 채 세상에 내놓기도 한다.

그렇게 되면 저명한 기업이라도 광고 중단, 철회 등의 손실을 보게 된다. 도요타 자동차가 그런 예다. 공식 트위터에 여성과 자동차의 영상을 올리면서 '여성 운전자 여러분에게 묻겠습니다. 여러분은 역시 자동차 운전에 서툰가요?'라는 설문조사를 올려 비난이 쇄도한 적이 있다. 도요타는 사죄하고 해당 트윗을 삭제했다.

이 경우는 '역시'라는 말이 가장 큰 문제였다. 또 답변 선택지에 '서투르다'는 말의 여러 버전이 올랐던 점도 문제를 키웠다.

요즘은 여성 택시 운전사, 버스 운전사, 트럭 운전사까지 있으니 '여성이라서 운전이 서툴다', '여성이라서 운전을 어렵게 느낀다'라고 단정하면 대단한 실례로 받아들여진다.

운전은 남성이 잘한다는 신념이 강한 가정에서는 부부가 모두 운전할 수 있어도 남편이 운전대를 잡는 경우가 많고, 가족이 멀리 나갈 때는 체력이 좋은(그렇게 믿는) 남편이 운전석에 앉는 일이 많을 것이다. 확실히 객관적으로 보면 남성이 운전할 기회가 많다고 할 수는 있다.

그러나 이는 단순한 '운전 경험량'의 차이다. 면허를 갓 딴 초보자보다 익숙한 사람이 더 잘하는 것은 당연하다. 그런데 예전에는 '남성이라서 운전을 잘한다'라고 잘못 생각했다.

또 '운전은 남성이 잘한다'라는 믿음이 강한 남성은 여성이 저지른 작은 실수, 예를 들어 종렬 주차나 차고 입고에 시간이 걸리는 등의 실수만 골라서 기억한다. 남성도 비슷한 실수를 얼마든지 하는데 여성이 실수하면 그때마다 '여성이라서 서툴러서 그렇다'라고 생각하는 것이다.

자기 생각에 부합하는 이야기나 정보에 주의를 기울이는 현상을 '확증 편견'이라고 부른다. 우리가 무의식적 편견을 벗어나기 어려운 원인 중 하나는 확증 편견 때문에 '내 생각이 일상적으로 올바른 생각'이라고 확인하는 기분이 들기 때문이다.

어쨌든, 소비자에게 불쾌감을 주는 광고로는 아무것도 얻을 수 없다. 도요타는 여성들이 모두 '맞아요, 정말 그래요!'라며 기뻐할 줄 알았을까?

예를 들어, 후방 주차 보조 시스템은 여성들만 좋아하는 것이 아니다. 남성들도 '이게 없으면 안 된다'라고 할 만큼 좋아하는 사람이 많다. 그러니 해당 시스템이 얼마나 편리한지를 내세워서 광고하면 된다.

'역시'라고 단정 지은 건 정말 쓸데없는 짓이었다.

▶ 팔이 안으로 굽는 심리 메커니즘

앞서 4장에서는 자신이 속한 집단을 '내집단', 속하지 않은 집단을 '외집단'으로 부른다고 설명했다.

폴란드 태생 심리학자 헨리 타지펠 등은 '사회 정체성 이론 Social Identity Theory'을 통해 사람이 내집단과 외집단을 다른 방식으로 대한다는 사실을 밝혔다. 이에 관해 조금 더 설명한다.

타지펠 등은 참가자에게 '사소한' 기준으로 그룹을 나누었다고 '생각하게 한' 다음, 주어진 보수를 분배하게 하는 실험을 했다. 그러자 참가자들은 종종 내집단(자신들) 구성원에 대한 보수를 외집단보다 유리하게 분배했다.

또 내집단보다 외집단이 받는 몫이 큰 선택지 하나와, 두 집단 모두 받는 몫은 적어지지만 내집단이 받는 보수가 외집단이 받는 보수보다는 나은 또 하나의 선택지를 보여주면, 많은 사람이 자기 몫이 줄더라도 외집단보다는 많은 보수를 받는 선택지를 골랐다.

얻을 수 있는 절대량을 따지면 이런 행동은 경제학적으로 합리적이지 않다. 유연한 관점으로 보자면, 상대방이 보수를 많이 받더라도 모두가 받을 수 있는 절대량이 많아져야 윈윈할 수 있기 때문이다.

하지만 사람들은 그런 선택을 하지 않았고, 내집단이 외집단보다 더 받는 길을 선택했다. 이를 '내집단 선호In-group Favoritism'라고 부른다.

이 같은 결과는 어째서 세상의 분쟁이 끊이지 않는지를 설

명해 준다. 분쟁 중인 양측이 '우리 집단에 불리한 조건으로
는 정전 합의를 받아들일 수 없다'라고 결심하면 좀처럼 수습
되기 어려운 것이다. 이런 심리 때문에 일시적인 휴전은 가능
해도 장기적이고 영속적인 해결은 무척 어렵다.

이렇게 평소의 작은 무의식적 편견부터 큰 분쟁에 이르기까
지, 세상사에서 팔이 안으로 굽는 이유는 '내집단 선호'를 통
해 설명할 수 있다.

▶ 결속을 깨버리는 '검은 양 효과'

4장에서 내집단에 대한 칭찬은 자신에 대한 칭찬으로 이어져
자아긍정감을 상승시킨다고 이야기한 바 있다.

경쟁 상황에서는 내집단이 경쟁에서 이기고 칭찬을 받아야
한다. 그래야 우수한 내집단의 일원인 자신도 자부심을 느낄
수 있기 때문이다.

원래 '내집단 선호' 심리가 있을 때 사람은 내집단의 구성원
을 외집단의 구성원보다 높게 평가하고 좋아한다. 그런데 때
로는 내집단에 기여하지 않는 것처럼 보이는 구성원이 눈에
띈다.

조사 결과를 보면, 기여도가 낮은 구성원이 있을 때 사람들은 그 구성원을 눈엣가시로 여기는 것으로 나타났다. 이를 하얀 양 떼 속에서 검은 양이 따돌림 당하고 희생되는 현상을 본떠 '검은 양 효과Black sheep Effect'라고 부른다. 내집단 구성원은 모두가 같은 편이면서도 기여도가 낮은 내부 구성원을 외집단 구성원보다 더 미워하는 것이다.

대립하는 외집단이 있을 때, 보통 내집단은 일치단결한다. 그런데 집단의 발목을 잡는다고 간주되는 구성원이 있으면 내집단 안에서 분열이 일어난다.

'쓸모 있는 자'와 '쓸모없는 자'라는 구별이 생기고 쓸모없는 자에 대한 차별과 공격이 발생하는 것이다. 인터넷에서 사회 시스템을 비판하거나 개선하자는 메시지를 올린 사람에게 '일본이 싫으면 일본을 떠나라'라고 몰아세우는 것과 같은 구조다.

이는 편견을 넘어 먼지 차별Microaggression(상대에게 차별을 느끼게 하는 미세한 표현이나 행동)이라고 할 수 있는데, 사회 내부의 분열을 조장하는 행위다.

이렇게 하다가 동조자가 줄어들면 소수 인원은 보이지 않는

곳에 틀어박혀 자신들의 주장을 퍼뜨린다.

SNS가 그들의 대표적인 도구다. SNS에서는 한 사람이 여러 계정을 통해 차별 포스팅을 하는데, 실제로 지지자가 그리 많지도 않은데 여론이 매우 확대되었다고 착각하게 한다. 그리고 이 또한 편견을 유발하는 원인이 된다.

다수자가 아닌데 다수자로 착각하는 오류가 생기면 실제보다 더 큰 사회적 힘을 이루어 무시할 수 없는 위력을 떨칠 수도 있다.

비록 그것이 매우 부적절한 논의(인권 침해 등)라 해도 '많은 사람이 그렇게 생각한다'라고 보기 시작하면 세상의 표준적인 사고방식이 그런 줄로 착각할 수도 있다.

그래서 다수자로 보이게 하는 힘은 중대한 문제다.

▶ 다수자이기에 의식해야 하는 편견

30년 전에 비하면 장애인에 대한 이해의 폭은 눈에 띄게 넓어졌다. 지금은 지체장애인이 이용하는 휠체어에 대한 이해, 공공시설의 장애인 경사로 설치, 충분한 넓이를 확보한 엘리베이터 설치가 그 반증이다.

시각장애인이 역 플랫폼에서 추락하는 등의 사고를 방지하는 스크린 도어도 점차 늘고 있는데 2021년 3월 현재 JR(일본 철도) 역에는 858개소에 스크린 도어가 설치되어 있다.*

하지만 아직도 우리에게는 악의 없는 무의식적 편견의 일종으로 '경험하지 못한 사태에 대한 희미한 경계심, 긴장감, 어색함'이 남아 있다.

가족이나 친척, 친한 친구 중에 장애인이 없을 때 '장애인과는 어떻게 사귀어야 할지', '어떻게 대해야 할지'를 새삼 고민하게 된다는 사람이 있는 것이다. 생각하기 귀찮아서 '너무 가까워지지 않도록 조심한다'라는 사람도 있다.

그러다 보면 결과적으로는 장애인과의 교제를 피하거나 새로운 친구로 선택하지 않게 된다. 당연히 상대는 소외감, 거부감을 느낄 것이다.

장애나 질병에 대해 세상의 다수자는 비장애인이다. 물론 나이가 들면 누구나 신체 어딘가에 질병이 생기지만, 장애인 수첩을 가진 사람은 많지 않다.

---

* 우리나라에서는 거의 모든 수도권 전철역에 스크린도어가 설치되어 있다.-옮긴이

또 신체장애에 대한 이해도는 지난 30년 동안 높아졌을지 몰라도 마음의 병에 대한 이해는 다르다.

'가벼운 우울증'에 관해서는 확실히 많이 알려졌다. 하지만 일반적으로 '마음의 병'이라고 하면 아직도 편견의 대상이 되기 쉬운 측면이 있다.

사회적 소수자가 가족이나 친족, 친구 중에 꼭 있으라는 법도 없으니 사실 많은 사람에게 소수자는 보이지 않는 존재, 잘 모르는 존재다.

편견은 무지에서 생기고, 이는 소수자 문제의 기본적 구도를 이룬다.

▶ '반사적 반응'을 방치하고 있지 않은가?

지금은 새로운 현대적 상황으로 발달 장애에 대해서도 많이 알려져 있다. 그런데 발달 장애라는 말을 접해 본 사람은 많아도 그 특성을 정확히 이해하는 사람은 많지 않은 것 같다.

자녀와 같은 학급에 수업 중 교실을 무단으로 돌아다니는 아이가 있다는 이야기를 들으면, '수업에 방해된다', '우리 아이 학습 진도가 늦어진다'라는 이유를 들어 학교에 불만을 토로하는 보호자가 있다. 이런 보호자의 행동도 무의식적 편견이다.

편견이라는 것은 진짜 원인을 깨닫지 못한 상태에서 깊이 생각하지 않은 채 일어나는 반사적인 반응을 방치할 때 일어난다.

수업 중에는 정해진 자리에 붙박이처럼 앉아 있어야 한다는 이유부터 곰곰이 따져 봐야 하지 않을까? 미국 학교의 수업을 보면, 선생님의 허락을 일일이 얻지 않고 돌아다니는 아이도 많이 있다. 일본 학교처럼 자기 책상에 얌전히 앉아 전원이 일제히 칠판을 향해 40분간 교사의 이야기를 듣기만 하는 수업은 별로 없다.

각자 과제를 받으면 아이들은 태블릿이나 참고 도서를 활용해 조사 활동을 한다. 답을 얻기 위해 참고 도서가 있는 곳으로 뛰어가기도 한다. 다들 약간 빈둥거리는 것처럼 보이기도 한다.

다시 말해 '돌아다니면 안 된다'라는 생각은 현재 일본 학교의 수업 형태가 올바르다는 전제하에서 나온 것이다. 바꾸어야 할 부분이 돌아다니는 아이인지, 일본 학교의 수업 형식인지는 매우 미묘한 문제다.

최근에는 문부과학성이 액티브 러닝(능동적 학습)을 강조하고 있는 마당인데, 자발적인 움직임은 좋은 현상이 아닐까? 게다가 요즘은 대처 방법도 있고, 수업을 지원해 주는 보조 교사도 있다.

물론 교사에게는 주의가 산만한 아이를 적절한 방향으로 유도할 아이디어와 지도 방법이 필요하다. 교사의 역량이나 지식이 부족하면 무조건 야단치기만 하다가 사태를 불필요하게 악화시킬 수 있으니 말이다.

장애인과 가까이 지내다가 귀찮은 일이 생길까 봐 멀찍이 거리를 두는 등의 행위를 요즘은 '회피적Aversive 차별'이라고 부른다.

자신에게 익숙하지 않으니 흔치 않은 상황이라고 생각할지 모르지만, 그것은 어디까지나 다수자의 느낌일 뿐이다. 평소 특별지원학급에서 일하는 사람은 장애인과 사귀는 일이 '흔한 일상'이다.

▶ 민주주의 사회이기 때문에 소수자의 목소리에 귀 기울이는 것

'다수결이 곧 민주주의'라고 생각하는 사람도 있는 것 같지만 다수결은 민주주의의 수단 중 일부에 불과하다.

모든 사람의 의견을 모아 결정하면 좋겠지만, 그게 어려울 때는 간략한 대안으로서 대의제를 채택하고 대표를 통해 투표로 결정하는 다수결을 실시하는 것이다.

그런데 애초에 여러 사람의 의견을 묻는다는 데 의의가 있기 때문에 민주주의에는 '소수의견 존중'이라는 원리가 작동한다. 다수결에서 이긴 측이 뭐든 해도 된다는 뜻이 아니라는 말이다.

선거도 마찬가지다. 다수 의석을 차지한 정당이 탄생한다 해도 그들이 국민에게 '전권을 위임받아' 무슨 짓을 벌이든 상관없다는 의미가 아니다.

만약 다수결이 인간사회를 결정하는 단순명료한 원리였다면 큰일이 일어났을 것이다. '소수자가 모여 사는 마을을 없애버리자'라거나, '특정 질환을 앓는 환자의 치료비는 지불하지 말자' 같은 안이 다수결로 통과되면, 비인도적인 일이 벌어질 수도 있다. 그런 다수의 위험성은 해외의 소수민족 배척이나 난민 문제 등에 잘 나타난다.

소수의견을 존중한다는 말에는 문제가 될 수 있는 정책이나 방침이 소수자의 생존권을 침해하지 않는지를 따져서 배려한다는 의미도 포함되어 있다.

예를 들어, 수만 명 중 한 명이 걸리는 질병을 앓는 사람은 '소수자'다. 만약 건강 보험의 지출을 줄이기 위해 희소 질환에 걸린 환자에게는 혜택을 주지 말자고 다수가 결정한다면 소수자에게는 희망이 없다.

그런 비인도적인 일이 벌어지지 않도록 사회가 놓친 중요한 뭔가가 있을 수 있다는 생각에서 소수의 의견에 귀를 기울이는 데 인도적 가치가 있다.

다수자의 힘은 조심해서 써야 한다. 이 점을 깨닫고 자신이 타인의 생존권을 침해하고 있지 않은지를 생각해야 타인의 권리를 존중하는 다수자의 연계를 끌어낼 수 있다. 비록 자신이 장애나 질환을 앓는 소수자가 아닐지라도 말이다.

소수자 문제에는 당사자 이외의 사람이 목소리를 높이는 것이 매우 중요하다. 당사자도 아니면서 위선자 같은 얘기하지 말라는 것은 이 문제의 핵심을 모르고 하는 소리다.

모두가 동등한 '인간'이라는 생각으로 연결되고 폭넓은 찬성과 지지를 얻어내는 세상이 결국 모두가 살기 좋은 세상이다.

제 7 장

무의식적 편견을
알아차리고
극복하기 위한
단계적 처방

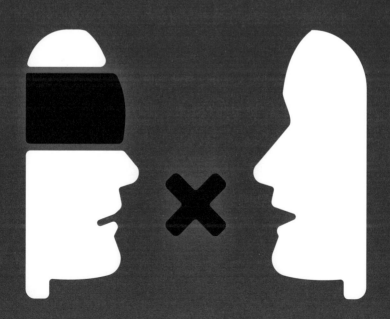

▶ 편견에서 벗어나려면 사람과 사회를 알아야 한다

드디어 마지막 단계에 접어들었다. 7장에서는 어떻게 하면 무의식적 편견에 현혹되지 않고 그 영향에서 벗어날 수 있을지를 이야기해 본다.

지금까지는 문제를 소개하는 한편, 어떤 점에 주의해야 하며 어찌해야 할지를 다루었다. 이를 쉽고 간략하게 정리해 보자.

우선 기초 작업으로 사람의 사고방식에 관한 설명이다. 필자는 4장에서 '전통적인 사고방식이 발목을 잡는다'라고 언급했다. 그러니 이번에는 그와 대립하는 사고방식을 알 필요가 있겠다.

사람이 어디에 가치를 두는지에 관해서는 오래전부터 많은 연구가 있었다. 그리고 그 가치와 신념을 모아 그 사회의 '도덕Moral'이라 불렀다.

도덕이라고 해서 딱딱하게 생각할 필요는 없다. 일본인이 좋아하는 의리와 인정도 도덕이고 무사도武士道도 지나간 시절의 도덕이다.

한 사회에 널리 공유되는 도덕과 규범은 사회 구성원의 행동, 그 사회를 이해하는 하나의 단서가 된다.

도덕이란, 옛사람들이 일찍이 널리 간직한 행동 준칙뿐 아니라 지금은 그 의미를 모르면서도 많은 사람이 왠지 계속 지켜나가는 내면적 원리까지 포함한다. 그러니까 '이것은 소중히 지켜야 할 도덕이다' 하는 식으로 설교하고 주장하는 것이 아니다.

필자와 같은 연구자는 사람들이 현재 무엇을 믿으며 살아가는지에 관심이 있기 때문에 선악은 차치한 채 일단 목록을 만드는 작업에 집중한다.

따라서 옳고 그름을 따지는 행위는 목록 활용의 취지와 어긋난다는 점을 밝혀둔다.

▶ 도덕은 편견의 '불씨'가 되기도 한다

사람들은 어떤 행동을 '잘못'으로 여길까? 여러 지역, 많은 사회에서 이유 없이 남을 상처 입히거나 괴롭히거나 주먹을 휘두르는 일은 금기시된다. '사람을 죽여서는 안 된다', '어린아이를 학대하면 안 된다' 같은 식이다.

표 9 _ 도덕기반이론(MFT)에 따른 다섯 종류의 도덕 기반

도덕 기반	청정 / 오염	권위 / 질서 파괴	충성 / 배신	공정(정의) / 기만	돌봄 / 위해
적응 과제	전염병 피하기	계층 집단 안에서 유익한 관계 만들기	응집성 높은 연합 형성	상호 협력관계의 이익 얻기	어린아이를 보호하고 돌보기
특징적인 감정 상태	혐오	존경, 공포	집단적 금지, 배신자에 대한 분노	분노, 감사, 죄악감	피해자에 대한 동정, 가해자에 대한 분노
관련 덕목	절제, 순결, 경건, 청결	순종, 경의	충성, 애국심, 자기희생	공정, 정의, 신뢰	배려, 친절

출처 : 도덕기반이론(Haidt, 2013, 기타무라, 2020)

최근에는 동물에 대해서도 보호법이 생기면서 학대가 금지되고 있다. 이것이 '돌봄/위해'에 관한 도덕이다.

공정과 기만은 오래된 도덕 연구에서도 가장 중요하게 취급되는 요소로서, 어린 시절부터 '좋은 행실/나쁜 행실'의 중심을 이루는 도덕 요소로 여겨진다.

충성은 '동료를 소중히 여기는 마음'이라고 바꾸어 말하면 이해하기 쉬울 것이다. 20세기 일본 문학을 대표하는 소설가 다자이 오사무의 『달려라, 메로스走れメロス』의 주제도 친구와의 신의였다. 이것이 '충성/배신'에 관한 도덕이다.

권위는 '윗사람으로서 따르게 하는 힘'으로 현대 일본에서도 살아 있는 도덕 요소다. 충성과 권위는 인도에서도 확고한 도덕 요소였다는 최초 연구가 있는 만큼, 아시아에서는 중요한 가치관으로 자리 잡고 있다.

권위에 따르면 수직 사회의 질서를 유지할 수 있다. 따라서 변화가 많은 혁신적인 세계를 좋아하는 사람보다 안정과 질서를 좋아하는 사람들이 강력하게 요구하는 가치라고 할 수 있다. '회초리를 차지 마라(무모하게 대들다가는 다친다)'라는 속담에 이런 생각이 잘 드러나 있다.

다음은 '청정/오염'이다. '나쁜 짓'을 했을 때 '이름을 더럽히다汚名', '직을 더럽히다汚職'라는 말이 쓰는 데서 알 수 있듯이 '더러운' 행동을 하지 말라는 의미의 도덕 요소다. 여기서는 더 직접적으로 신성한 것을 더럽히지 않는다는 종교적인 의미(신사나 사원 경내에 쓰레기를 버리지 않는 등), 또 그것을 존중하는 '정갈한' 마음도 관련된다. 이것도 예로부터 전통사회에서 볼 수 있는 가치관인데 근대 이후 점차 사라지고 있다.

그런데 사라지고 있다는 것은 이에 관해 인식하기 어렵다는 뜻이기도 하다. 그런 점에서 청정 도덕은 무의식적 편견으로 나타나기도 한다.

코로나바이러스가 만연하는 현재, 곳곳에서 환자를 극심하게 차별하는 현상이 나타났다. 그런데 알고 보니 '병에 걸렸다는 것을 곧 부정 탄 것'으로 받아들이는 오래된 도덕이 무심결에 작용한 결과였다. 그러나 이는 분명 질환을 '부정하고 불결하게 보는' 차별 행위다.

▶ '공정과 정의'야말로 편견을 막는 최강의 예방약

'코로나 차별'은 직감적으로 드러나기에 본인도 막기 어렵다. 따라서 조심하지 않으면 자기 감정의 노예처럼 행동하게 될 수도 있다.

그럴 때 냉정하게 '제동을 걸어주는' 역할을 하는 도덕 요소가 표 9에 나와 있는 '공정과 정의'다. 무의식적 편견을 예방하는 주역이라고 해도 좋을 것이다.

근대 사회에 들어서기 훨씬 전, 예를 들어 수렵 사회에서도 사냥감을 혼자 독차지하려고 하면 '치사한 사람, 나쁜 사람'이라는 소리를 들었을 것이다. 공평하지 않기 때문이다. 사람들은 대체로 그런 '치사한' 사람을 싫어한다.

무리가 성장해서 사회 집단을 이루면 거기에는 규칙이나 사회 규범, 법이 생긴다. 그리고 누군가가 사회 정의를 조정한 법을 어기면 그 행동은 교활하다고 여겨지며, 규범을 지키는 행동이 올바르다고 평가받는다.

정의는 '모두가 공동체의 관습을 지키니, 나도 같이 지키자. 혼자 깨는 건 좋지 않겠다'라는 소박한 생각에 따라 지켜진 측면도 있지만, 질서와 법에 따라 성립되고 발전해 왔다.

근대 이후, 죄지은 사람을 법에 따라 처벌하는 법치국가가 형성되면서 그들을 벌하기 위한 시스템은 국가가 독점했고, 사적으로 린치나 제재를 가하는 행위는 금지되었다. 사법 시스템이 성립되면서 국민에게 공정한 재판을 받을 권리가 있다는 생각이 퍼진 것이다.

즉, 무의식적 편견 때문에 불쾌감을 느꼈다고 해서 인터넷에서 공격하겠다는 생각, 다시 말해 사적으로 타인에게 벌을 주려는 생각은 근대 사회의 원리에 어긋나는 것이다.

SNS로 여럿이 달려가 한 개인에게 공격을 퍼붓는 행위는 심각한 일탈이다. 당사자도 아닌 제삼자가, 그것도 집단으로 달려들어 특정 개인을 비난하는 것이니까 말이다. 근대 사회의 원리를 작동시킨다는 측면에서 SNS 운영사와 인터넷 프로바이더가 의무적으로 단속할 수 있도록 엄정한 법적 대응을 해야 할 것이다.

또는 소송을 통해 자연스럽게 입건하고, 체포할 수 있는 상황이 조성되어도 좋을 것이다. 길에서 사람을 구타하면 현행범으로 체포되듯이 인터넷상의 린치에 대해서도 즉각적인 단속을 벌인다면, '그런 행동은 용인되지 않는다'라는 생각을 사회에 침투시킬 수 있지 않을까?

근대 사회에서 정의는 새로운 사회 상황에 대응하는 형태로 발전해 왔다. 근대 이전에는 LGBTQ에 대한 차별이 심각했지만, 지금은 여러 유럽 국가에서 차별을 법으로 금지하고 있는 것이 그 사실을 반증한다. 시대에 대응해서 '새로운 올바름'은 합의되어 가는 것이다.

요즘 일본 사회에 '무의식적 편견' 사건이 빈발하는 이유는 일본 사회가 세계(선진국)의 움직임을 따라가지 못하고 있으며, 아직도 일본인이 근대 이전의 구폐인 편견에 젖어 있기 때문이다.

▶ 무의식적 편견으로부터 자신과 타인을 구하려면

시대에 뒤처지지 않기 위해서도 세계가 정의를 어떻게 받아들이는지 이해해야 한다. 그런데 다섯 종류의 도덕 기반 중 근대적인 공정·정의가 직감적으로는 가장 이해하기 어려운 발전 과정을 거쳤다.

도덕 기반 이론Moral Foundations Theory의 공정과 정의는 서양 근대 사회의 고유한 가치라고 해도 좋을 개인주의, 인권, 평등 같은 각종 추상적인 가치를 바탕으로 설정되어 있기 때문이다. 그러다 보니 그보다 이해하기 편한 '돌봄/위해' 차원에서 접근하기가 쉽다.

예를 들어, '불쌍하니까 도와주자'라는 마음은 아무 때나 쉽게 공감할 수 있는 내용이라는 말이다.

하지만 그런 감정은 논리가 뒷받침되지 않은데다가 잠시 잠깐의 감정적인 반응이기 때문에 오래가지 않는다.

다른 일이 있으면 금방 잊어버릴 감정이다. TV 다큐멘터리 프로그램을 보고 한순간 소수자가 처한 실상에 동정심이라는 감정이 일어났다 해도 실질적인 지원으로는 이어지지 않는 경우만 봐도 알 수 있다.

사회에 관한 생각은 '평등을 위한 지원이 필요하다', '인권을 지켜야 한다'는 등의 안정적이고 확실한 판단이 따를 때 비로소 오래, 효과적으로 현실화하는 법이다. 무의식적 편견으로부터 자신과 타인을 구하려면 멀리 돌아가는 것 같아도 그런 확실한 사고가 뒷받침되어야 한다.

또 올바름을 따질 때는 '이것 아니면 저것' 하는 식의 극단적인 생각도 유해하다.

예를 들어, 부부 별성別姓에 관한 논쟁은 '모든 부부가 각자의 성씨를 쓰도록 정해야 한다'라는 주장이 아니다. 일본의 관습대로 변함없이 남편의 성씨를 따르고 싶은 사람은 그렇게 하면 되고, 원래 자기 성씨를 유지하고 싶으면 그렇게 하면 되는 아주 단순한 논리다.

하지만 일본인은 원하는 대로 하라거나 자유롭게 선택하라고 하면 무척 어려워한다. 학교 교육도 전국이 일률적으로 학생이 모두 앞을 바라보고 착석한 상태에서 수업받는 형태를 선호한다.

운동장이나 학교 밖에서 행사를 열 때도 일본 학교에서는 학생들을 줄 서게 하고 집단을 통제하는 모습을 자주 볼 수 있는데, 미국에서는 그런 일이 거의 없다. 남의 이야기를 듣고 관찰할 때는 어떤 자세, 어느 위치에 있든 무관하다고 여기기 때문이다.

일본인에게는 '누가 결정해주지 않으면 불안하다'라는 심리가 있는 것 같다. 새로운 법제나 시스템이 적용될 때도 '이 방법을 쓰면 되는 거냐?'고 끊임없이 관공서 등에 전화를 걸어 확인하는 사람들이다.

주위를 둘러보고 거기에 맞추라는 일본식 처세술 때문에 남과 똑같지 않으면 불안감이 커져서 그런 것 같다. 이 같은 분위기 신봉이 편견을 조장한다는 것은 앞에서도 언급했다.

복장도 그렇다. 젠더리스 교복을 도입(애초에 교복이 더는 필요 없을지도 모르지만)함에 따라 치마와 바지 둘 다 선택할 수 있게 되면, 선택할 수 있다는 점을 들어 무언가 또 불평하는 사람들이 생길지도 모른다. 일하는 여성에게 하이힐을 강요하는 데 반대하는 '#kuToo'*만 해도 그렇다. 하이힐을 전면 금지하자고 주장하는 것이 아니다. 좋아하고 마음에 들어서 신는다면 그 생활방식을 배척할 이유가 없다. 그런 생각은 이 운동에 포함되어 있지 않다.

'외부에 영업 갈 때는 힐을 신어라'라고 힐을 신고 싶지 않은 사람에게도 강제로 의무화하지는 말라는 것이 핵심이다. 의무화 부정은 100% 부정이 아니라 '꼭 그럴 필요는 없다'라는 뜻이다.

이 기본적인 구별을 이해하지 못해 자신의 지론을 100% 부

---

* 직장에서 여성에게 하이힐 또는 펌프스 착용을 의무화하는 데 항의하는 사회운동. '미투'에 구두(靴) 또는 고통(苦痛)의 일본어 첫 음인 'ku'를 붙여 #kuToo로 표기한다.-옮긴이

정당한 것처럼 상처받았다며 공격하는 사람이 있다. 논점과 사실을 차분하게 이해할 필요가 있다.

무의식적 편견을 드러내기 쉬운 사람은 앞서 '빠른 처리'에 관한 설명(130페이지 참조)에도 나왔듯이 충동적이고, 깊이 생각하지 않고, 직감적으로 움직이기 쉬운 사람이다.

원래 경솔하며 논의의 본질을 깊이 이해하지 않고 착각이나 잘못된 믿음에 빠지기 쉬운 타입이라는 말이다. 결정을 내릴 때도 백이냐 흑이냐를 서둘러 정하려는 경향이 있다.

그런 사람은 주위에 '결단력 있고 믿음직스럽게' 보이기 때문에 출세하는 예가 많을지도 모른다. 그러나 지위가 높아지면 책임이 따르며, 경험하는 사건, 접촉하는 사람도 많아진다.

일본에는 '관리직의 마음가짐'을 체계적으로 배울 기회가 의외로 없다. 권한이 적을 때 가벼운 마음으로 무책임하게 지껄이던 습관이 자리가 바뀌면서 곧바로 문제가 되는 경우가 있어 본인도 당황하는 경우를 종종 볼 수 있다.

사회적 지위가 높아지면 언론에도 거론되면서 자신의 발언이 세계로 퍼지게 된다. 그러다 보면 국내뿐 아니라 해외에서도 비난을 사다가 끝내는 회사의 신용을 떨어뜨리는 문제가 발생할 수도 있다.

국내에서만 살아온 사람은 세상의 변화에 적응하지 못할 수 있겠지만, 이런 정보는 인터넷을 통해 순식간에 해외로 퍼진다는 점을 명심해야 한다.

게다가 누구나 익명으로 인터넷에 올릴 수 있다는 것은 익명으로 고발도 할 수 있다는 뜻이다. 은폐하려 해도 불가능하다는 사실을 명심해야 한다. 은폐하려 하다가 발각되면 문제는 더 꼬이고 불난 집에 기름을 붓는 꼴이 될 것이 분명하다.

▶ 무의식적인 편견은 이렇게 조직을 좀먹는다

마지막으로 조직의 문제점을 정리해 본다.

2020년 일반사단법인 무의식적 편견 연구소(대표이사: 모리야 도모타카)는 약 5만 명을 대상으로 무의식적 편견의 악영향을 조사했다. 결과는 다음 페이지의 표 10에 나와 있다.

무의식적 편견이 있으면 남에게 상처 주는 발언, 행위를 하고도 본인은 알아차리지 못하기 때문에 상호 이해에 문제가 생기는 것이 첫 번째 폐해다.

피해자는 불만을 느끼고 상처를 입는데 정작 가해자는 아

표 10 _ 무의식적 편견이 만들어내는 문제점

직장 내 문제 예시	인간관계
• 인간관계가 악화한다.	• 의욕을 잃는다.
• 조직 풍토가 나빠진다.	• 자신을 과대평가/과소평가한다.
• 솔직한 대화가 사라진다.	• 부정적인 시각을 가지기 쉽다.
• 괴롭힘이 발생한다.	• 짜증이 늘어난다.
• 컴플라이언스 위반 건이 발생한다.	• 변명이 많아진다.
• 혁신이 일어나기 어렵다.	• 도전이 불가능해진다.
• 다양성이 인정되지 않는다.	• 성장할 기회를 잃는다.
• 직장 분위기가 껄끄러워진다.	• 서먹서먹해진다.

출처: 일반사단법인 무의식적 편견 연구소 홈페이지

무엇도 깨닫지 못하는 경우가 있다. 이럴 때는 피해자가 그 어
떤 불평이나 반론을 제기해도 가해자는 '이 사람이 왜 이런
이야기를 하는지' 이해하지 못하거나 의미 없는 항의라고 치
부할 수 있기에 상황이 조금도 변하지 않는다.

무의식적 편견 탓에 직장 분위기가 어색해져도 원인을 알지

못하면 개선책도 찾을 수 없다. 만약 괴롭힘이 시작되고 점차 압박의 강도가 세지면 하고 싶은 말을 더 못하게 되므로 솔직하게 대화할 기회조차 사라지게 된다.

그렇게 직장의 인간관계가 지속해서 악화하면 발언 통로가 막히는 등 직장 풍토도 나빠진다. 끝내는 부정이 판을 쳐도 아무도 막을 수 없게 되거나 새롭고 대담한 제안을 내놓기 어려워지기 때문에 혁신을 일으키기 힘들어진다. 이처럼 조직에 무엇 하나 득 될 것이 없다.

관계가 서먹서먹하면 직장 내 활기가 사라져 의욕 없이 버티거나 짜증만 늘어날 것이다.

그러다 보면 일은 잘 안 돌아가고, 구성원들은 각자 왜 잘하지 못했는지 변명만 늘어놓게 된다. 잘 안 된 것이 자기 탓이라고 느끼지 않기 때문이다. 도전과 성장이 불가능한 직장에서는 일개 개인의 노력만으로 전체 분위기를 바꿀 수 없다.

혼자서 애쓰다 보면 무력감에 사로잡히기 쉽고 시각도 부정적으로 변할 수 있다. 짜증이 나면 타인의 성과까지 부정적으로 보기 쉽다. 결국 더 큰 상호 불신을 일으켜 직장 분위기를 점점 더 망치게 된다.

▶ 무의식적 편견을 벗어나는 일곱 단계

무의식적 편견을 줄이는 왕도는 무의식적 편견이 어떻게 해서 발생하는지 그 원리를 개개인이 깊이 이해하는 것이다.

하지만 이는 쉬운 일이 아니다. 이에 최종 목표를 향해 평소에 기억해 두었다가 노력할 몇 가지 방법을 일곱 단계로 정리해 보았다.

❶ 단계 _ 나와 상대의 처지를 바꾸어 생각한다

일단은 상대의 처지가 되어본다. 자신이 그런 시선, 그런 취급을 받으면 어떨지 역지사지의 지혜를 발휘하는 것이다.

장애인 문제를 논하는 세미나에서는 휠체어에 타 보기도 한다. 휠체어를 타면 평소 자신에게 익숙했던 길과 계단이 어떻게 보이고, 느껴지는지 체험할 수 있어서다. 자신과 다른 처지에서 사물을 보면 깊이 이해할 수 있다.

부부관계도 마찬가지다. 평소 서로 떠맡기기만 했던 일이 있다면 실제로 역할을 바꾸어 보면 좋다. 그렇게 위치를 움직여 보면 비로소 이해가 깊어짐을 느낄 수 있다.

이처럼 상대의 처지가 되어 상황을 이해해 보는 것을 '조망 수용Perspective-taking'이라고 하는데, 머릿속에서 시뮬레이션까지 할 수 있게 되면 더욱더 좋을 것이다.

타인의 눈을 통해 자기 행동을 되돌아보고 타인에게 받는 취급이나 말을 유사 체험하거나 상상해 보면 자연스럽게 느끼는 바가 있을 것이다.

조망 수용은 공감 능력을 형성하는 요소 중 하나다. 그리고 공감 능력은 편견과 차별을 줄이는 강력한 요인으로 알려져 있다.

❷ 단계 _ 자신을 되돌아본다(메타인지력을 높인다)

조망 수용을 통해 자신과 상대의 입장 차이를 깨달을 수 있었으면 다음 단계로 넘어가자.

자신이 '당연'하게 여겨온 것들을 되돌아보는 것이다.

자신을 객관적으로 바라보면 자신이 가진 고정적인 생각이나 사고방식의 습관을 알아차릴 수 있다.

예를 들어, 지금까지 여성 직원을 '○○짱'이라고 부르거나 성희롱에 가까운 언행을 했던 남성도 자신의 사고방식을 점검할 수 있다.

제삼자의 눈으로 자신의 인식을 검토하는 것을 '메타인지 Metacognition'라고 부른다. '메타인지력'을 높이면 잘못 대응할 수 있는 상황에서도 재빠르게 알아차릴 수 있다.

메타인지의 힘을 기르면 늘 두뇌 회전을 촉진하므로 치매도 예방할 수 있다.

시대의 흐름이나 주위의 사고방식을 따라갈 수 없는 이유는 시야가 좁아졌기 때문이다. 자신의 사고를 객관적으로 바라보면 새로운 사고방식을 따라가기가 훨씬 쉬워진다. 마치 제삼자의 눈으로 바라보듯 자신을 되돌아보게 하는 메타인지력은 현대인에게 특히 중요한 능력이다.

따라서 평소 자신의 행위를 점검하고 되돌아보는 습관을 익히는 것이 좋다.

❸ 단계 _ 대화를 한다

일상의 구체적인 장면에서는 각자가 어떻게 생각하는지, 무엇을 생각하는지가 다 다른 법이다.

예를 들어, 육아휴직을 받은 부하직원에게 '휴직이 끝난 뒤에도 아기를 위해 일찍 귀가하고 싶을 테니 중대한 일 말고 가벼운 일을 맡기겠다'라고 마음먹은 상사가 있다고 하자.

상사는 부하직원을 '도와주고 싶어서' 배려한 것이다. 하지만 부하직원이 정말로 그렇게 바라는지는 알 수 없는 노릇이다. 실제 상황은 각자 가정의 사정에 따라 다르니까 말이다.

그래서 대화가 필요하다.

상대의 이야기를 들어 보지 않고는 남의 사정을 알 수 없다. 이쪽에서 일방적으로 상상한 뒤, 좋은 의도로 가벼운 일만 배정했다가 부하직원의 불만을 살 수도 있다.

솔직하게 의견을 교환해야 한다. 그런 과정을 통해 새로운 깨달음을 얻을 수 있고 '사람마다 다르다'는 다양성을 인식할 수도 있다.

상대의 말을 가로막은 적은 없는가? 자신이 하고 싶은 말을 내세우느라 상대를 침묵하게 만들지는 않았는지 살펴보자. 남의 말은 자신이 성장하는 기회이며 새로운 사실을 발견할 기회다.

내가 말할 때는 기존의 지식 이상의 것은 나오지 않는다. 남의 이야기를 들어야 몰랐던 내용을 알 수 있다.

그래서 직접 이야기하는 것보다 남의 이야기를 듣는 것이

절대적 이득이다. 그런데도 사람들은 상대의 이야기에 귀 기울이기를 소홀히 한다.

자신의 문제 있는 발언에 대해 누군가가 살며시 경고하고 있을지도 모른다. 그럴 때 귀를 닫고 있느라 놓쳐버리는 실수를 범하지는 않는지 돌이켜보자.

사려 깊고 느긋하게 타인의 말을 음미하고 되새겨 보는 것, 그리고 대화를 계속해 나가는 것만으로도 사람은 많이 변하고 유연해질 수 있다.

❹ 단계 _ 개인 대 개인의 문제라고 생각한다(다양성을 인정한다)

대화를 통해 알게 된 상대의 희망이나 생각은 개인, 즉 그 사람의 독자적인 생각일 수도 있다. 여성 부하직원 한 명에게 들은 이야기를 여성 직원 전체의 희망 사항으로 확대해석해서는 안 된다는 말이다.

여고, 여대를 나와서 학창 시절에 남성과 접촉한 경험 없이 결혼한 여성이 결혼 직후 잡담을 나누면서 '남자들이란……'이라는 표현을 자주 썼다.

그런데 가만히 들어보니 그 사람이 말하는 남자의 표본은 남편 한 사람뿐이었다. 자기 부부의 습관 차이에 놀라 신혼 시절에 누구나 경험할 법한 에피소드를 토로한 것뿐이었다. 갓 결혼해서 느낀 놀라움을 '남성 일반'의 탓으로 돌린 것이다.

단순히 '남자'라는 단어를 썼지만, '남자'도 다양하다. 남성의 관점에서 들으면 '너무 단순하다', '남자도 사람마다 다르다'라는 생각을 할 것이다.

마찬가지로 여성도 각양각색의 사고방식을 가지고 있다. 여성 직원 한 명이 말했다고 해서 여성 모두가 그 직원과 같은 생각을 하는 것은 아니다.

그래서 개개인과의 대화가 중요하다.

상대를 한 명의 개성 넘치는 인간으로 대하고 다양성을 인정하는 것. 이것이 무의식적 편견에서 벗어나기 위한 모든 노력의 기본이다. 이것이 바로 상대를 존중하는 태도다. 여기까지 왔으면 많이 발전한 것이다.

❺ 단계 _ 나에게도 득이 된다고 생각한다

4단계까지 오면서 자신만 애쓰는 것처럼 꾹꾹 참으며 실행한다면 한계에 부딪힐 수밖에 없다. 애당초 이를 자기희생으로 여겨서는 오래가지 못할 테니까 말이다.

반대로 자신에게도 득이 된다고 생각하면 어떨까?

필자도 계단 오르기가 힘들 때는 천천히 경사로를 걷는다. 사회가 여러 사람에게 대응하는 모습이 어떤 면에서는 비효율적으로 보일 수도 있다. 하지만 긴 안목으로 보면 그렇지 않다. 예를 들어, 귀한 인재가 우연히 사고로 몸이 불편해졌다고 해서 이직해 버린다면 그것이 바로 손실이다.

학교, 직장, 관공서가 여러 사람이 불편 없이 출입할 수 있는 상태를 유지하려 한다면, 이는 결코 효율을 떨어뜨리는 일이 아니다. 설사 약간 효율이 떨어진다 해도 세상에는 효율보다 중요한 가치가 있다.

모두에게 열려 있고 살기 좋은 사회는 나에게도 안심할 수 있고, 살기 좋은 사회일 것이다. 사람들은 일본을 '미끄럼틀 사회'라 부른다. 쭉 뻗은 인생행로에서 단 한 번만 실패해도 재기하기 어려운 사회라는 뜻이다.

이직한 뒤에도 자유롭고 저렴한 비용으로 재학습할 수 있고, 나이가 들어서도 대담하게 창업에 나설 수 있는, 나이에 구애받지 않는 사회야말로 자유로운 사회라고 할 수 있다.

재도전이 가능한 사회는 노동력 손실을 줄이고 막을 수 있기에 사회가 풍요로워지고, 그 풍요로움은 결국 자신에게 돌아온다. 일본은 인구 감소가 심각하기 때문에 탄력적인 노동 방식과 유연한 삶의 방식으로 생산성을 높여야 한다.

그리고 자기 관심에 맞게 인생의 걸음걸이를 조정해야 각자의 삶이 더 풍부하고 충실해질 수 있다. 그리해야 서로가 여유로운 사회를 만들고 그 안에서 각자가 안락한 삶을 누릴 수 있다.

사회 전체의 스트레스가 증가하면 그로 인해 발생하는 다양한 질환 때문에 건강 보험의 자기 부담분이 늘어날 수 있다. 타인의 심리적 건강만 잘 배려해도 자신의 건강과 주머니 사정까지 같이 챙길 수 있는 것이다. 불안과 짜증이 줄어들면 직장에서 남을 괴롭히는 사람도 줄어들 것이다.

여유 있는 사회가 마음의 여유를 만들고, 행복감을 높이고, 나아가 타인을 행복하게 만들 수 있다. 인간사회란 바로 그런 것이다.

❻ 단계 _ '나도 변할 수 있다'고 믿는다

6단계는 지금까지의 흐름을 자기 내면에 정착, 강화시키는 단계다.

대학 수업에서 편견이나 차별에 관해 물으면 '사람은 변하지 않는다', '세상은 변하기 어렵다'라고 발표하는 학생이 많다.

필자의 대학 시절에는 '어머니'가 전업주부인 경우가 일반적이었다. 결혼과 출산 후, 자영업은 몰라도 회사원으로 여성이 계속 일하는 예는 극소수였다.

그런데 의외라는 생각이 들 정도로 세상은 빠르게 변하고 있다. 아동 빈곤 문제*도 지난 30년의 불황기를 거치면서 악화한 현상이다.

이처럼 세상도 변했지만, 그 시대를 사는 사람들의 의식도 변했다. 과거 성인 남성의 대부분은 흡연자였다. 하지만 눈 깜짝할 사이에 담배 피우는 사람이 소수자가 되었다. 흡연이라는 행위를 바라보는 사람들의 의식이 바뀐 것이다.

---

* 아동 빈곤 문제는 주로 '아동 빈곤율'의 증감으로 파악한다. 아동 빈곤율은 전체 아동 중 국민 소득 평균의 50%에 못 미치는 가정에서 생활하는 17세 이하 소아, 청소년의 비율을 말한다. 일본은 2018년 13.5%를 기록하며 아동 7명 중 한 명이 빈곤 가정에서 생활하는 것으로 나타났다. 당시 한국은 12.3%.–옮긴이

아직 10년, 15년밖에 세상을 겪지 않았다면 세상이 좀처럼 변하지 않는 것처럼 느낄 수 있겠지만, 30년, 50년 단위로 보니 세상도, 사람의 의식도 꽤 많이 변했다. 의식적으로 노력하면 자신의 사고방식 정도는 분명 더 빠른 속도로 변화시킬 수 있을 것이다.

변화를 믿는 사람은 믿지 않는 사람보다 실제로 더 많이 성장한다고 하니 기분 좋은 일이기도 하다.

❼ 단계 _ 자신의 미래를 아는 사람은 없다(미래에 대해 안심하기 위해)

세상에는 고령자 차별, 고령자 편견이라고 하는 유감스러운 현상이 존재한다. 특히 젊은 세대는 나이 든 사람은 사고력이 떨어진다고 생각하는 것 같다. 그런데 실제로는 단기 기억력은 조금 감퇴해도 생각하는 힘이 약해지는 것은 아니다.

게다가 그 젊은 세대도 목숨이 붙어 있는 한, 언젠가는 고령자가 된다. '다름 아닌 자기 자신의 미래'라고 생각한다면 조금 더 고령자의 기분을 묻고 이해하려고 노력하는 것이 좋지 않을까?

장애도 마찬가지다. 갑작스러운 질병이나 사고 등으로 후천적 장애인이 된 사람이 많다. 누구나 당사자가 될 수 있다. 따라서 사회의 복지 혜택이 넉넉해야 모든 이가 안심할 수 있다.

생활보장 대상자에 대해서도 '일할 수 있는데도 노는 것 아니냐?', '빈곤은 자기 책임이다'라는 비난이 인터넷에 나도는데, 자신도 갑자기 질병 등으로 인해 일할 수 없는 상황에 놓일 수 있다. 앞날이 불투명한 세상에서 '나와는 무관한 일'이라고 말할 수 있는 사람은 아무도 없다.

사양할 필요 없이 언제든 생활을 보장받을 수 있는 사회, 안심하고 구원받을 수 있는 사회가 바람직한 사회다. 자신의 미래를 아는 사람은 아무도 없다. 소수자를 배려하는 사회는 자신의 미래에 대해서도 안심할 수 있는 사회다.

불확실한 미래에 대해 평소에 '안심'할 수 있는 인생과 그렇지 않은 인생은 행복도가 다르다고 생각하지 않는가?

▶ 무의식적 편견을 극복한 미래에는

무의식적 편견에서 벗어나면 자기 자신도 안심할 수 있다고 7단계에서 언급했다.

자신에게 도움이 되면 좋은 일이지만, 어찌 보면 조금은 계산적으로 들릴 수도 있다. 그래서 조금 더 좋은 말로 이 책을 마무리하려 한다.

7장의 모두에서 필자는 '가치'에 관해 이야기했다. 일본에서 다양한 가치관을 조사해 봤더니 가장 큰 지지를 받는 것은 '주변 사람과 사이좋게 지내기'였다.

출세하기, 부자 되기, 유명해지기도 아닌 '주변 사람과 잘 지내는 것'에 가장 큰 가치를 둔다니 어떤 의미에서는 칭찬할 만한 일이다. 나이 들어 은퇴하고 나면 인생은 일이 전부가 아니라는 사실을 깨닫게 된다.

100세 시대다. 70세에 일을 그만둔다고 해도 30년이나 남는다. 요즘 사람들에게는 은퇴 후에 어떻게 지낼지가 인생의 큰 주제로 등장한 지 오래다. 하지만 '은퇴하고 나면 지역사회에 봉사하면서 살겠다'라는 꿈이 있다 해도 일찍부터 지역사회와 적극적인 관계를 맺지 않으면 제로에서 출발해야 한다.

결국 인생은 인간관계를 어떻게 꾸려 왔는지가 마지막을 결정하게 된다. 물론 너무 늦었다고 후회할 필요는 없다. 다만 2장에서 살펴보았듯이 거만한 태도는 버려야 한다.

지역사회로 돌아가면 모두 평등한 한 명의 노인에 불과하다.

죽음을 눈앞에 둔 순간에는 회사 사장이었다는 사실 따위는 아무런 의미도 없으니까 말이다. 침대 옆에서 가만히 자기 손을 잡아줄 사람이 있는지가 더 중요하지 않을까?

그리고 사람에게 가장 큰 보람은 주위 사람에게서 정당한 존경을 받는 일이다. 자신만만하게 창의적인 성과를 지속해서 올린 사람도 그 성과를 평가받지 못한다면 섭섭할 것이다.

또 홀로 외롭게 버텼다고 우길지 몰라도 누군가가 당신을 높이 평가하고 응원했을지도 모를 일이다. 자기 삶의 흔적, 인생의 발자취가 평가받는다는 것은 귀한 경험이다. 누군가가 인생에서 당신을 만난 것이 무엇과도 바꿀 수 없는 멋진 일이었다고 말해 준다면 틀림없이 기쁠 것이다.

반대로 상처 주는 한마디는 평생 누군가의 가슴에 눈물로 남을 수 있다.

따라서 무의식적 편견을 극복하면 자신을 위해서도 좋고, 동시에 타인을 행복하게 해 줄 수도 있다. 주위 사람에게 조금이라도 인생의 행복을 느끼게 하자는 것, 그런 태도를 갖자는 것이 이 책이 강조하고 싶은 바다.

주위 사람에게 행복을 주고 그들로부터는 감사 인사를 받는다면, 그것은 이해득실이 완전히 일치하는 것이다.

이는 자신을 위해서인지 타인을 위해서인지를 초월한, 인생에서 가장 중요한 문제라고도 할 수 있다.

이 중요한 문제를 해결함으로써 여러분의 인생이 조금이라도 더 행복해지면 좋겠다.